团体球类运动竞赛

《"四特"教育系列丛书》编委会　编著

吉林出版集团股份有限公司
全国百佳图书出版单位

图书在版编目（CIP）数据

团体球类运动竞赛／《"四特"教育系列丛书》编委会编著 . —长春：吉林出版集团股份有限公司，2012.4

（"四特"教育系列丛书／庄文中等主编 . 学校体育竞赛与智力游戏活动策划）

ISBN 978-7-5463-8633-1

Ⅰ. ①团… Ⅱ . ①四… Ⅲ . ①球类运动－运动竞赛－青年读物②球类运动－运动竞赛－少年读物 Ⅳ . ① G840.73-49

中国版本图书馆 CIP 数据核字（2012）第 042015 号

团体球类运动竞赛

TUANTI QIULEI YUNDONG JINGSAI

出 版 人	吴 强
责任编辑	朱子玉 杨 帆
开 本	690mm×960mm 1/16
字 数	250 千字
印 张	13
版 次	2012 年 4 月第 1 版
印 次	2023 年 2 月第 3 次印刷

出 版	吉林出版集团股份有限公司
发 行	吉林音像出版社有限责任公司
地 址	长春市南关区福祉大路 5788 号
电 话	0431-81629667
印 刷	三河市燕春印务有限公司

ISBN 978-7-5463-8633-1 　　　　　定价：39.80 元

前　言

学校教育是个人一生中所受教育的最重要组成部分,个人在学校里接受计划性的指导,系统地学习文化知识、社会规范、道德准则和价值观念。学校教育从某种意义上讲,决定着个人社会化的水平和性质,是个体社会化的重要基地。知识经济时代要求社会尊师重教,学校教育越来越受重视,在社会中起到举足轻重的作用。

"四特教育系列丛书"以"特定对象、特别对待、特殊方法、特例分析"为宗旨,立足学校教育与管理,理论结合实践,集多位教育界专家、学者以及一线校长、老师们的教育成果与经验于一体,围绕困扰学校、领导、教师、学生的教育难题,集思广益,多方借鉴,力求全面彻底解决。

本辑为"四特教育系列丛书"之《学校体育竞赛与智力游戏活动策划》。

学校体育运动会是学校教育教学工作的一个重要组成部分,是体育活动中的一个重要内容。它不仅可以增强学生的体质,同时,也可以增强自身的意志和毅力,并在思想品质的教育上,发挥不可替代的作用。学校通过举办体育运动会,对推动学校体育的开展,检查学校的体育教学工作,提高体育教学、体育锻炼与课余体育训练质量和进行学校精神文明建设等都具有重要的意义。本书旨在普及体育运动的知识,充分调动广大青少年学生参与体育活动的积极性,内容包括学校体育运动会各个单项的竞赛与裁判知识等内容,具有很强的系统性、实用性、实践性和指导性,

将智力和游戏结合起来,通过游戏活动达到大脑锻炼的目的,是恢复疲劳、增强脑力、重塑脑功能结构的主要方式,是智力培养的重要措施。

青少年的大脑正处于发育阶段,具有很大的塑造性,通过智力游戏活动,能够培养和开发大脑的智能。特别是广大青少年都具有巨大的学习压力,智力游戏活动则能够使他们在轻松愉快的情况下,既完成繁重的学业任务,又能提高智商和情商水平,可以说是真正的素质教育。为了使广大青少年在玩中学习,在乐中提高,我们根据青少年的生理、心理特点,特别编写这套书。我们采用做游戏、讲故事等方法,让广大青少年思考问题,解决难题,并在玩乐的过程中,循序渐进地提高智商和开发智力,达到学习与娱乐双丰收的效果。

本辑共20分册,具体内容如下:

1.《团体球类运动竞赛》

学校体育运动的目的是调动学生活动的兴趣,提高学生参加体育运动和各种活动的积极性和参与率,让学生在运动中才能体会到参与的快乐。本书就学校团体球类运动的竞赛与裁判问题进行了系统而深入的阐述,使学生掌握组织团体球类竞赛的方法体例科学,内容全面,具有很强的系统性、实用性、实践性和指导性。

2.《小型球类运动竞赛》

小型球类运动竞赛包括排球、羽毛球和乒乓球等比赛。学校体育运动的目的是调动学生活动的兴趣,提高学生参加体育运动和各种活动的积极性和参与率,让学生在运动中才能体会到参与的快乐。小型球类运动竞赛包括排球、羽毛球和乒乓球等比赛。本书就学校个人球类运动的竞赛与裁判问题进行了系统而深入的阐述,体例科学,内容全面,具有很强的系统性、实用性、实践性和指导性。

3.《跑走跨类田径竞赛》

学校体育运动的目的是调动学生活动的兴趣,提高学生参加体育运动和各种活动的积极性和参与率,让学生在运动中才能体会到参与的快乐。跑走跨类田径竞赛包括长短跑、跨栏跑和竞走等项目比赛。本书就学校跑走跨类田径运动的竞赛与裁判问题进行了系统而深入的阐述,体例科学,内容全面,具有很强的系统性、实用性、实践性和指导性。

4.《跳跃投掷类田径竞赛》

长期来,在技术较为复杂的非周期性田径项目的教学中,一般都采用以分解为主的教学法。这种教学法,教学手段繁琐,教学过程复杂,容易产生技术的割裂和停顿现象,特别是与现代跳跃和投掷技术的快速和连贯性有着明显的矛盾。因此,它对当前进一步提高教学质量产生十分不利的影响。本书就学校跳跃投掷类田径运动的竞赛与裁判问题进行了系统而深入的阐述,体例科学,内容全面,具有很强的系统性、实用性、实践性和指导性。

5.《体操运动竞赛》

竞技性体操包括竞技体操、艺术体操、健美操、技巧、蹦床五项运动。其中,竞技体操男子项目有自由体操、鞍马、吊环、跳马、双杠、单杠六项,女子项目有跳马、高低杠、平衡木、自由体操四项。本书就学校竞技体操运动的竞赛与裁判问题进行了系统而深入的阐述,体例科学,内容全面,具有很强的系统性、实用性、实践性和指导性。

6.《趣味球类竞赛》

学校体育运动的目的是调动学生活动的兴趣,提高学生参加体育运动和各种活动的积极性和参与率,让学生在运动中才能体会到参与的快乐。本书就学校趣味球类竞赛项目运动的竞赛与裁判问题进行了系统而深入的阐述,体例科学,内容全面,具有很强的系统性、实用性、实践性和指导性。

7.《水上运动竞赛》

水上运动包含五个项目:游泳,帆船,赛艇,皮划艇,水球。本书就学校水上运动的竞赛与裁判问题进行了系统而深入的阐述,体例科学,内容全面,具有很强的系统性、实用性、实践性和指导性。

8.《室内外运动竞赛》

室内运动栏目包括瑜伽、拉丁、肚皮舞、普拉提、健美操、踏板操、舍宾、跆拳道等,户外运动栏目包括攀岩登山,动感单车,潜水游泳,球类运动等。本书就学校室内外运动的竞赛与裁判问题进行了系统而深入的阐述,体例科学,内容全面,具有很强的系统性、实用性、实践性和指导性。

9.《冰雪运动竞赛》

冰雪运动主要包括冬季运动和轮滑运动训练、竞赛、医疗、科研、教学、健身、运动器材、冰雪旅游等。本书就学校冰雪运动的竞赛与裁判问题进行了系统而深入的阐述,体例科学,内容全面,具有很强的系统性、实用性、实践性和指导性。

10.《趣味运动竞赛》

趣味运动,是民间游戏的全新演绎,是集思广益的智慧创造,它的样式不同,内容各异。趣味运动会将"趣味"融于"团队"中,注重个人的奉献与集体的协作。随着中国经济文化的迅速发展,人们精神文化生活的丰富,趣味体育也有了更广阔的发展,成为一种新的时尚。本书就学校趣味运动的竞赛与裁判问题进行了系统而深入的阐述,体例科学,内容全面,具有很强的系统性、实用性、实践性和指导性。

11.《锻炼学生观察力的智力游戏策划》

发展观察力的游戏有"目测"、"寻找"、"发现"等。这些游戏可帮助学生加强观察的目的性、计划性,扩大观察范围,使孩子能更多、更清楚地感知事物。本书对锻炼学生观察力的智力游戏项目策划进行了系统而深入的阐述,体例科学,内容全面,具有很强的系统性、实用性、实践性和指导性。

12.《锻炼学生注意力的智力游戏策划》

注意力是儿童普遍存在的问题。他们在听课、做作业、看书、活动等事情上,往往不能集中注意力,也没有耐性。在人们的生活、学习和工作过程中,注意力起着非常重要的作用。有位教育专家说:注意力是学习的窗口,没有它,知识的阳光就照射不进来。本书对锻炼学生注意力的智力游戏项目策划进行了系统而深入的阐述,体例科学,内容全面,具有很强的系统性、实用性、实践性和指导性。

13.《锻炼学生记忆力的智力游戏策划》

记忆力游戏是一种主要依赖于个人记忆力来完成的单人或团体游戏。这类游戏的形式无论是现实或网络中都是非常多的,能否胜出本质上取决于个人的记忆力强弱,这也是一种心理学游戏。本书对锻炼学生记忆力的智力游戏项目策划进行了系统而深入的阐述,体例科学,内容全面,具有很强的系统性、实用性、实践性和指导性。

14.《锻炼学生思维力的智力游戏策划》

这是一本不可思议的挑战人类思维的奇书,全世界聪明人都在做。在这本书里,你会找到极其复杂的,也是非常简单的推理问题,让人迷惑不解的图形难题,需要横向思维的难题和由词语、数字组成的纵横字谜,以及大量的包含图片、词语或数字,或者三者兼有的难题,令你绞尽脑汁,晕头转向!现在,你需要的是一支铅笔和一个安静的角落,请尽情享受解题的乐趣吧!

15.《锻炼学生想象力的智力游戏策划》

学校的智力游戏活动主要是锻炼学生认识、理解客观事物并运用知识、经验等解决问题的能力,它是直接为学生提高学习能力而服务的,也是学生学习知识的实践运用,它不仅具有趣味性,更具有娱乐性。本书对锻炼学生想象力的智力游戏项目策划进行了系统而深入的阐述,体例科学,内容全面,具有很强的系统性、实用性、实践性和指导性。

16.《锻炼学生表达力的智力游戏策划》

语言表达能力是现代人才必备的基本素质之一。在现代社会,由于经济的迅猛发展,人们之间的交往日益频繁,语言表达能力的重要性也日益增强,好口才越来越被认为是现代人所应具有的必备能力。本书从大量的益智游戏中精选了一些能提高青少年记忆力的思维游戏,为广大读者提供一个检视自身思维结构,全面解码知识、融通知识、锻炼思维的自我训练平台。

17.《锻炼学生学习力的智力游戏策划》

学校的智力游戏活动主要是锻炼学生认识、理解客观事物并运用知识、经验等解决问题的能力,它是直接为学生提高学习能力而服务的,也是学生学习知识的实践运用,它不仅具有趣味性,更具有娱乐性。本书对锻炼学生学习力的智力游戏项目策划进行了系统而深入的阐述,在游戏中培养孩子的学习能力。体例科学,内容全面,具有很强的系统性、实用性、实践性和指导性。

18.《锻炼学生空间力的智力游戏策划》

学校的智力游戏活动主要是锻炼学生认识、理解客观事物并运用知识、经验等解决问题的能力,它是直接为学生提高学习能力而服务的,也是学生学习知识的实践运用,它不仅具有趣味性,更具有娱乐性。本书对锻炼学生空间力的智力游戏项目策划进行了系统而深入的阐述,体例科学,内容全面,具有很强的系统性、实用性、实践性和指导性。

19.《锻炼学生实践力的智力游戏策划》

社会实践即通常意义上的假期实习,对于在校大学生具有加深对本专业的了解、确认适合的职业、为向职场过渡做准备、增强就业竞争优势等多方面意义。也有些学生希望趁暑假打份零工,积攒一份私房钱。本书对社会锻炼学生实践力的智力游戏项目策划进行了系统而深入的阐述,体例科学,内容全面,具有很强的系统性、实用性、实践性和指导性。

20.《锻炼学生创造力的智力游戏策划》

本书对创造能力的培养进行研究,包括创造力的认识误区、创造力生成的基本理论、创造力的提升、管理者应具备的技能等,同时针对学生设计的游戏形式来进行创造力的训练。其实,想要激发孩子的创造力,你不必在家里放上昂贵的玩具和娱乐设施。一些简单的活动,比如和宝宝玩拍手游戏,或者和孩子一起编故事,所有这些都能让孩子进入有创意的世界。本书对锻炼学生创造力的智力游戏项目策划进行了系统而深入的阐述,体例科学,内容全面,具有很强的系统性、实用性、实践性和指导性。

由于时间、经验的关系,本书在编写等方面,必定存在不足和错误之处,衷心希望各界读者、一线教师及教育界人士批评指正。

编者

目　录

1

第一章

足球运动的竞赛与裁判

1. 足球的概述

足球运动是目前体育界最有影响力的运动，它深受世界各国人民喜爱。作为"世界第一运动"，足球的历史非常悠久，经过多年的演变，足球这项运动逐渐成熟了起来。

起源概况

足球运动是一项古老的体育活动，源远流长。它的起源包括古代足球的起源和现代足球起源两个方面。

（1）古代足球起源

1985 年，在中国举办的首届"柯达杯"世界少年足球锦标赛开幕式上，当时的国际足联主席阿维兰热先生在致辞中说，足球运动起源于这里，并且有 2000 多年的历史。2001 年，国际足联第一次确认"足球是起源于中国，然后经波斯、埃及、意大利后辗转传播到英国，然后得到发展"。其后，国际奥委会主席萨马兰奇先生再次重复了同样的结论。

确实，古代足球的起源在中国。它最早起源于我国古代的一种球类游戏"蹴鞠"，后来经过阿拉伯人传到欧洲，发展成现代足球。西方古代也有类似足球的运动，据说，希腊人和罗马人在中世纪以前就已经从事一种足球游戏了。他们在一个长方形场地上，将球放在中间的白线上，用脚把球踢滚到对方场地上，当时称这种游戏为"哈巴斯托姆"。

（2）足球运动的兴起

现代足球起源地是在英国。11 世纪，丹麦人入侵英格兰。一天，英格兰人在挖战场时，偶然挖出了几个丹麦人的头骨。想起丹麦人入侵的罪恶，这些英格兰人极为愤怒，他们抬脚狠狠的冲着骷髅头踢去，解愤之余，又颇觉有踢足球的乐趣。于是，挖战场的英格兰人越来越多的参加了这个踢"球"的行列，一群小孩见了便也来踢，不过他们发现头骨踢起来脚痛，于是用牛膀胱吹气来代替它——这就是现代足球的诞生。这种爱国行为打动了英国国王，为了奖励人民，英国国王下令王室足球对民间开放。很快，足球运动在民间传播开来，成为流行的体育娱乐活动。

　　12 世纪初，英国开始有了足球赛。竞赛是娱乐活动，一年 *2* 次，一般在两个城市之间举行。到 *19* 世纪初叶，足球运动在当时欧洲及拉美一些国家特别是在资本主义的英国已经相当盛行。直至 *1863* 年 *10* 月 *26* 日，英国足协在伦敦成立，制定了第一个足球规则，从而宣告了现代足球运动的诞生。以后，人们就把这一天作为现代足球的诞生日。

发展历史

　　现代足球诞生以后，足球运动受到了世界各国人民的喜爱，足球运动也得到了蓬勃发展。这主要表现为足球规则的完善、足球赛事的完善、足球技术的进步等多个方面。在足球得到世界人民喜爱的同时，足球在中国也得到了快速的发展。

　　（*1*）世界足球的发展

　　现代足球诞生之初，当时仅仅制定了 *14* 条足球规则，尽管这些条文与今天的规则相距甚远，但它却是今天足球规则的基础。从此，开始出现足球联赛，足球运动也转趋职业化。有组织的在一定规则约束下的足球运动开始从英国传到欧洲，传遍世界。

　　足球规则的完善过程是这样的。最初规定每队 *1* 名守门员、*1* 名后卫、*1* 名前卫和 *8* 名前锋，后又变成 *1* 名守门员、*2* 名后卫、*3* 名前卫和 *5* 名前锋。掷界外球最初只用一只手，但有的球员能巧妙地把球从四五十米以外掷入球门，因此又改为必须双手掷球。直至 *1883* 年球门的横梁还是拉一根绳子，一些球从绳子上面过去还是从下面过去，一时很难判断，*1890* 年终于有了球网。球场的规模也不同于今天。那时裁判也是由两队各出 *1* 名副裁判和主裁判担任"执法官"，直至 *1891* 年，才出现现在意义上的中立的裁判，*1* 名裁判员和 *2* 名巡边员。

　　19 世纪末，足球运动在西欧国家已相当普及。*1896* 年第一届奥运会上，丹麦足球队以 *9：0* 战胜希腊队，成为奥运会足球竞赛的第一个冠军。从 *1900* 年的第二届奥运会开始，足球被列为奥运会正式竞赛项目，但不允许职业运动员参加。

　　为了适应足球运动发展的需要，*1904* 年英国、法国、荷兰、比利时、西班牙、瑞典和瑞士 *7* 个国家的足球协会在法国成立了国际足球联合会，并推选法国人盖兰为第一任国际足联主席。*1908* 年开始，奥运会足球竞赛由国际足联组织。*1930* 年起，每 *4* 年举办一次世界足球锦标赛，又称世界杯足球赛，并取消了对职业运动员的限制。

1996 年，女子足球也终于成为奥运会正式竞赛项目。从此，现代足球日益发展，遍及全球，蔚为大观。据不完全统计，现在世界上经常参加竞赛的球队约 *80* 万支，登记注册的运动员约 *4000* 万人，其中职业运动员约 *10* 万人。

（2）中国足球的发展

中国虽然是古代足球的发源地，但现代足球运动的发展相对较晚一些。新中国成立前，中国足球队共参加了两届奥运会。首次是 *1936* 年柏林奥运会，当时由于参赛队少，没有预选赛，中国队首场 *0：2* 负于英国队遭淘汰；*1948* 年第二次参加，第一场就以 *0：4* 负于土耳其被淘汰。

在奥运会方面，新中国成立后，因台湾问题，*1956* 年中国退出了奥运会。*1980* 年，中国重返奥运会。*1992* 年、*1996* 年、*2000* 年和 *2004* 年连续 *4* 届奥运会预选赛负于韩国队没有进入决赛。只有在 *1988* 年的汉城奥运会进入了决赛，但小组赛没有出线。

在其他国际赛事方面，从 *1976* 年起，中国队连续 *9* 次参加亚洲杯足球赛，并于 *1984* 年和 *2004* 年两度打进决赛，不过都含恨而归。他们在第一次世界杯上的亮相是 *2002* 年韩日世界杯，但成绩不是很理想。

相比较而言，中国女足在奥运会上的成绩要好一些。*1996* 年亚特兰大奥运会第一次将女子足球竞赛列为正式竞赛项目，中国女足就打入决赛，尽管最终 *1：2* 不敌美国队，但因其突出的表现受到了极高的评价。

在 *2008* 年的北京奥运会和 *2010* 年的广州亚运会上，中国足球都取得了一定的成绩。但不可否认，中国足球和世界足球强国的差距还很大，中国足球的崛起依然是任重道远。

2. 足球运动特点与作用

主要特点

足球运动有如此大的魅力，不仅在于足球运动具有丰富的内涵，而且也与足球运动的特点有关。正是因为足球运动的参与性、对抗性等特点，足球才成为了人们非常喜欢的体育运动。

（1）大众化

不像其他运动，足球运动对参与者的要求不高，踢足球的运动员高矮肥瘦问题都不大。比如说橄榄球，块头小的肯定吃大亏；篮球运动更是"长人"们的天下。而足球则不同，这样就给全世界的孩子提供了做"巨星梦"的机会。

（2）整体性

足球竞赛每队由11人上场参赛。场上的11人思想要统一，行动要一致，攻则全动，守则全防，整体参战的意识要强。只有形成整体的攻守，才能获得竞赛的主动权及良好的竞赛结果。

（3）对抗性

足球运动是一项竞争激烈的对抗性项目，竞赛中双方为争夺控制权，达到将球攻进对方球门而又不让球进入本方球门的目的，展开短兵相接的争斗，尤其是在两个罚球区附近时间、空间的争夺更是异常凶猛，扣人心弦。一场高水平的竞赛，双方因争夺和冲撞倒地次数多达200次以上，可见对抗之激烈。

（4）多变性

足球运动是一项技术上多彩多姿、战术上变幻莫测、胜负结局难以预测的非周期性运动项目，竞赛中运用技、战术时要受对方直接的干扰、限制和抵抗。技、战术要依临场中具体情况而灵活机动地加以运用和发挥。

（6）易行性

足球竞赛规则比较简练，器材设备要求也不高。一般性足球竞赛的时间、参赛人数、场地和器材也不受严格限制，因而是全民健身中一项十分易于开展的群众性的体育运动项目。

(7) 精细性

足球运动看似疯狂，其实包含着很多精细性的东西在里面。个人盘带讲求技术细腻到位，时机得当，有时短短的时间差或几步的距离都会造成突破、妙传甚至进球。而双方球员不仅在足球上对抗，在心理上都有不断地较量。小动作骚扰、大动作施压造成对方的恐惧，言语上挑衅激怒别人。关键时刻在高压下处理球，如点球时射手和门将的心态，加时赛时能否保持清醒，这些都是足球的看点与可咀嚼之处。

主要作用

作为一项有世界影响的体育运动，足球的作用不仅仅能够提高人们的体质，愉悦人们的心情，它还对人们集体意识的培养和民族精神的振奋都有很大作用。

(1) 提高健康水平

足球竞赛时要通过各种形式的有球和无球活动，例如踢球、接球、运球、头顶球、抢、断球等身体动作，以及奔跑、急停、转身、倒地、跳跃、冲撞等。这些身体活动能有效地发展人体的速度、力量、耐力、灵敏、柔韧等身体素质，提高人体神经系统、心血管系统、呼吸系统等内脏器官系统以及肌肉骨骼等运动系统的功能。另外，足球运动主要在室外自然环境中进行，能充分利用自然因素，达到增强体质，提高人体健康水平的目的。

(2) 改善心理素质

足球竞赛时，由于双方的激烈对抗，场上攻守频繁转换，局面变幻莫测，对运动员的感知觉、观察力、记忆力、想象力、思维能力和创造能力都有较高要求。经常参加足球活动和竞赛，能改善人的心理素质，长期参加足球运动还可以培养勇敢顽强、机智勇敢、坚韧不拔、胜不骄败不馁等意志品质，以及热爱集体、团结协作、遵守纪律、敢于竞争、光明磊落、文明礼貌等优良的道德品质。

(3) 促进文明建设

在改革开放的今天，足球已成为我国许多城市中人们生活的一部分。人们从踢足球中得到情绪体验、从看足球中得到艺术享受、从谈论足球中得到思想交流，足球运动丰富了人们的业余文化活动，提高了人们的生活质量。它吸引着千千万万个市民，它反映了城市的精神面貌，它是城市形象的标志之一，它是精神文明建设的载体。

（3）振奋民族精神

在重大国际足球竞赛中，足球能激发人民团结拼搏、进取向上的精神和爱国主义热情。例如 1987 年 10 月，当中国队在东京战胜日本队获得进军汉城奥运会的资格时，神州大地一片欢腾的景象，极大的鼓舞了为四化建设的中国人民，振奋了民族精神。

3．足球竞赛的场地

足球竞赛的场地可以根据竞赛的规范程度和参加人数而定。最常见的竞赛参加人数是 11 人，此外还有 7 人和 5 人制的竞赛。在场地上还标有球门区、罚球区等。

场地面积

（1）一般性的规格

足球竞赛场地应为长方形，其长度不得多于 120 米或少于 90 米，宽度不得多于 90 米或少于 45 米。

（2）国际竞赛规格

国际竞赛的场地长度不得多于 110 米或少于 100 米，宽度不得多于 75 米或少于 64 米，而最有影响的足球世界杯决赛阶段的竞赛场地的规格为 105 米 × 68 米。在任何情况下，长度必须超过宽度。

场地标记

（1）域

竞赛场地是用线来标明的，这些线作为场内各个区域的边界线应包含在该区域之内。

（2）线

两条较长的边界线叫边线，两条较短的线叫球门线。所有线的宽度不超过 0.012 米。

（3）场

竞赛场地被中线划分为两个半场。在场地中线的中点处做一个中心标记，以距中心标记 9.15 米为半径画一个圆圈。

球门

球门应设在每条球门线的中央，由两根相距 7.32 米、与西面角旗点等距离、直立门柱与一根下沿离地面 2.44 米的水平横木连接组成。为确保安全，无论是固定球门还是可移动球门都必须稳定地固定在场地上。门柱及横木的宽度与厚度，均应对称相等，不得超过 0.012 米。球网附加在球门后面的门柱及横木和地上。球网应适当撑起，使守门员有充分活动的空间。

球门区

在竞赛场地两端距球门柱内侧 5.50 米处的球门线上，向场内各画一条长 5.50 米与球门线垂直的线，一端与球门线相接，另一端画一条连接线与球门线平行，这三条线与球门线范围内的地区叫球门区。

球门区的作用有三点：第一，可以在球门区的任何地点踢球门球和本方的任意球；第二，当球在球门区内时，裁判员因故令竞赛停止，若以坠球恢复竞赛时，应在停止竞赛时球所在地点最近的，与球门线平行的球门区线上坠球；第三，凡在对方球门区内踢间接任意球时，应在离犯规地点最近的，与球门线平行的球门区线上执行。

罚球区

（1）概念

也称禁区，在足球竞赛场地两端距球门柱内侧 16.50 米处的球门线上，向场内各画一条长 16.50 米与球门线垂直的线，一端与球门线相接，另一端画一条连接线与球门线平行，这三条线与球门线范围内的地区叫罚球区。

（2）作用

罚球区的作用有三点：

①触球 守门员在本方的罚球区内可以用手触球；

②点球 球员在本方罚球区内违反规则，可判为直接任意球的 10 种犯规中的任何一种时，都应判罚点球；

③退出 在踢门球或在本方罚球区内踢任意球时，对方队员应退出罚球区，而且，必须把球直接踢出罚球区，竞赛才能恢复。

罚球点、罚球弧

（1）罚球点概念

在两球门线中点垂直向场内量 11 米处各做一个清晰的标记，叫罚球点，也就是平时俗称的"点球点"。

（2）罚球弧概念

以罚球点为圆心，以 9.15 米为半径，在罚球区外画一段弧线，叫罚球弧。

角球区

以边线和球门线交叉点为圆心，以 1 米为半径，向场内各画一段四分之一的圆弧，这个弧内地区叫角球区。

角旗

（1）概念

角旗是场地四周的标志，应垂直竖于边线与球门线外沿的交点处。

（2）规格

角旗杆的高度不得低于 1.50 米，杆的顶端应为平顶，以防刺伤队员。角旗颜色应与助理裁判员用旗和场地颜色有明显区别，晚间竞赛使用灯光时，可用白色角旗。角旗可用布或绸料制成，规格一般为 0.03 米 ×0.04 米。

中线旗

（1）概念

在场地中线两端距边线外至少 1 米处，可各竖立一面与角旗大小相同的中线旗，作为中线的标志。

（2）作用

它对判断越位有益。

开球点

（1）概念

中线的中点俗称开球点。

（2）位置

开球时，球必须放定在该点上。

场地四周

在大型正式足球竞赛时，足球场地的四周还有一些安排。

（1）摄影限制线

按照竞赛组织机构的要求，可在球门线的外面，一般距角旗 2 米、球区线与球门线的交点 3.50 米、球门柱 6 米处，画一条摄影人员限制线，摄影人员应在这条线的后面。

（2）替补员席位

场地四周还设有替补员的席位，各队的教练员、替补员及工作人员应在替补席上。替补席的席位数按照竞赛组织机构的要求确定，目前我国确定为 14 个席位。

（3）技术区域

①座位　竞赛场地的四周还有技术区域，区域内有为球队的技术人员和替补队员提供的座位；

②区域　技术区域是从替补席两侧向外 1 米，距边线 1 米以内的区域；

③调整　技术区域可以根据场地情况做大小和位置上的调整；

④确认　根据竞赛规程，技术区域内的人员应在竞赛开始前确认；

⑤特殊　教练员和其他官员必须在限定的技术区域内，除非遇到特殊情况，例如理疗师或队医在得到裁判员的允许后进场察看受伤队员时。

4．足球的器具标准

足球的器具主要是指运动员在参赛时的必备物品。这些器具主要是为了竞赛之用或保护运动员的安全，具体包括足球、运动员的服装、护袜、护腿板等。除了运动员之外，竞赛时裁判员使用的相关物品，也属于足球器具的范畴。

足球

竞赛规则对竞赛用的足球要求如下：

（1）形状

圆形。

（2）材质

用皮革或其他适当的材料制成。

（3）规格

圆周不长于 0.7 米，不短于 0.68 米。

（4）重量

重量在竞赛开始时不多于 450 克，不少于 410 克。

（5）气压

压力在海平面上等于 0.6 个大气压力至 1.1 个大气压力。

装备

（1）着装

①特点　在足球竞赛中，运动衣的上衣各式各样，每个队伍都有自己的特点；

②袖子　在正规的足球竞赛中，运动上衣是不能没有袖子的；

③外置　正规的竞赛中，运动上衣下摆要放入短裤内，不能随意外置；

④内裤　运动员可以在短裤里穿有紧身内裤；

⑤长裤　守门员是场上唯一可以穿长裤的队员，但是，裤管必须塞在护袜内；

④袖标　场上队长应该佩带队长袖标。

（2）颜色

①主色　在正式的大型竞赛中，要求运动员穿的紧身内裤的颜色应与短裤的主色相同；

②不同　守门员的衣服颜色应不同于本队其他队员，并有别于对方球员、对方守门员和裁判的衣服颜色；

③区别　球员上衣的背后、前胸和短裤前都应该有自己的球员号码，号码的颜色应该和上衣、短裤的颜色有明显的区别，以便于观众观看和裁判员记录。

器具

（1）护腿板

护腿板是每个上场队员都应该佩带的，包括守门员在内。护腿板就是保护小腿的，因此也被称为护胫板。由于足球竞赛的高对抗性，球员被踢到小腿是很经常的事情。从物理学上讲护腿板就是分散、缓冲施加到小腿上的压力和冲力，从而保护球员。护腿板一般为刚性板，可以分散对方腿和鞋施加的力。另外，护腿板和腿之间的空隙可以起到缓冲的作用，腿骨和护腿板间的皮肉也有缓冲作用，防止骨折。

（2）其他物品

运动员的装备还有短裤、护袜、足球鞋等，这些看似简单的装备，其实都能对运动员起到保护作用。

（3）限制物品

为了确保球员在场上的安全，一些珠宝首饰，诸如耳环、项链、戒指和手镯等东西是不允许戴上场的，必须摘掉后才能上场竞赛，如果此物品对球员有重大的意义，不易摘下，那就应该要求队员用胶布将耳环和戒指等物品粘好后再上场竞赛。

其他

裁判员在竞赛中也有一些装备，具体包括口哨、旗子、笔、红黄牌、手表等。

5. 足球竞赛的参赛人员

足球竞赛有固定的人数，这些人各自有自己的职责，并有自己的活动区域。在竞赛中，这些人各司其责，使这项运动非常和谐有序。

队员的配备情况

足球竞赛中，足球队员的人数、替补队员的人数都是有限制性规定的。竞赛中如需要替换队员也要遵守一定的程序。

（1）竞赛队员人数

一场足球竞赛应有两队参加，每队上场队员不得多于11名，其中必须有1名守门员。如果任何一队少于7人则竞赛不能开始。

（2）替补队员人数

①替补　在所有的竞赛中，替补队员名单必须在竞赛开始前交给裁判员；

②参加　未被提名的替补队员不得参加竞赛；

③规程　替补队员因竞赛规格的不同而有所区别。在一般竞赛中，

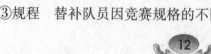

竞赛规程应说明可以有几名替补队员被提名，从3名至7名。而在由国际足联、洲际联合会或国家协会主办的正式竞赛中，每场竞赛最多可以使用3名替补队员；

④其他　在其他竞赛中，可依据下列规定使用替补队员：有关参赛队在最多替换人数上达成协议，在竞赛前通知裁判员。如果竞赛开始前未通知裁判员或各参赛队未达成任何协议，则可以使用的替补队员人数不得超过3名。

（3）普通队员替补

竞赛中，球队替补队员时，必须遵守以下规定：

①通知　替补前应先通知裁判员；

②进入　替补队员在被替补队员离场，并得到裁判员信号后方可进入竞赛场地；

③中线　替补队员只能在竞赛停止时从中线处进场；

④程序　当替补队员进入竞赛场地，即完成了替补程序；

⑤队员　从那时起，替补队员成为场上队员，而被替补队员终止为场上队员；

⑥参加　被替补下场的队员不得再次参加该场竞赛；

⑦职权　所有替补队员无论上场与否，裁判员均有权对其行使职权。

（4）守门员的替换

足球竞赛中，任何场上队员都可与守门员互换位置，并规定：

①互换　互换位置前通知裁判员；

②停止　在竞赛停止时互换位置。

（5）不正确替换处罚

①擅自　替补队员未经裁判员许可擅自进入竞赛场地；

②停止　停止竞赛；

③离开　对该替补队员予以警告并出示黄牌令其离开竞赛场地；

④重新　在竞赛停止时球所在地点以坠球方式重新开始竞赛；

⑤许可　如果队员与守门员互换位置前未得到裁判员许可继续竞赛；

⑥黄牌　有关队员将在竞赛成死球时被警告并出示黄牌。

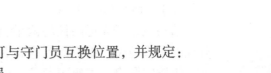

（6）被罚令出场处理

①罚令　队员在开球前被罚令出场，只可从被提名的替补队员中选一人替换；

②替换　凡被提名的替补队员被罚令出场，无论是在开球前或在竞赛开始后，均不得替换。

队员种类与职责

在足球竞赛中，很多队员随着球的移动而移动，看似没有规律。其实，足球场上的每个参赛队员都有一个名称，他们每个人也都有自己的职责和相应位置。

（1）守门员

①名称　足球运动竞赛队员的位置名称；

②防线　位于球门前，是一个队的最后一道防线；

③攻入　守门员通常处于全队的最后一道防线上，他的主要工作是在竞赛中用手、脚、身体其他部分阻止对方球员攻入己方的球门；

④快速　当他截获到球后，要快速而有效地发动进攻；

⑤进攻　由守转攻时，则用快速、准确的传球组织发动进攻；

⑥用手　是球队中唯一可在罚球区内用手处理球的队员；

⑦中卫　在争夺罚球区内的高空球时起到第三中卫的作用。

（2）边后卫

边后卫位于靠近门柱的两个侧前方，他们的功能主要是防守，此外还有制造越位、组织进攻等职责。

①防守职责　主要职责是：

通路　防守同侧边锋，包括临时边锋时可以采用"堵内放外"的方法，切断对手内切直达球门的通路；

补位　当对手突破自己而由中卫补位时，则应积极地进行交叉补位，弥补中路空隙；

漏洞　对方在异侧边路进攻时，应该"放边保中"，随时弥补中卫防守上的漏洞和抢断对手长传转移球；

收缩　对方在中路进攻时，在人球兼顾的前提下，适当向中路收缩，随时准备弥补中卫防守上的漏洞。

②制造越位　边后卫的第二个职责是参与制造越位。一般情况下

边后卫的位置不要落在自由中卫的后面。需要运用制造越位战术时，边后卫压出应快，切忌因落在后面而导致造"越位"战术的失败；

③参加进攻　边后卫参加进攻的形式大体上有以下几种：

迅速发动进攻　当边后卫抢获球后，在可能情况下要利用中长传迅速将球传到对对方构成最大威胁的地域，发动有效的快速反击；

接守门员发球　一旦守门员得球后，边后卫应该及时拉开，接应守门员发球，加快由守转攻的速度，迅速组织进攻；

参与中场的组织进攻　边后卫在中场很容易与同伴进行配合，在侧翼接应传球后要像前卫一样也应组织进攻，以加强中场力量和优势。

④担当临时边锋　当前方边路地区出现明显空挡时，应该及时插上，充当边锋角色实施带球突破、"二过一"、传中射门等。边后卫插上进攻一要量力而行，二要掌握时机，三要失球时迅速回位。

（3）中后卫

中后卫身居门前要害地域，由于处于3名后卫之间的要害地域，是防守上的后盾。为此他应根据球的位置和双方攻守的情况，积极选好位，随时准备对付各种可能出现的复杂局面。主要职责及任务：

①截获　驻守防区，截获传球；

②空挡　抢渗透性直传球，弥补门前空挡；

③阻击　阻击对方离开自己基本位置插入的"奇兵"，在射门区外阻击为加强进攻而临时投入战斗的无人防守的对手；

④机动保护，及时补漏　作为前面防守者的后盾，遇有同伴被对手突破应立即补上去与对手周旋；

⑤掩护进攻，弥补空挡　当在他前面的后卫投入进攻时，他应弥补空挡，使出击者无后顾之忧，并使整条防线不出现明显漏洞；

⑥居后指挥，稳固防守　利用纵观全局的有利位置，适时地通过呼叫来提醒同伴纠正防守上的错误，或指挥某一防守队员参与反攻；

⑦中后卫参与进攻时　一旦抢夺到球时，应迅速地传球发动进攻，通常可以将球传给前卫、拉边接应的边后卫或者跑动接应的边锋。突然插上进攻主要采用长距离运球突破，结合墙式二过一配合的方法，力争射门。进攻一旦结束则迅速回位防守。

（4）突前中卫

位于中后卫的前面，由于这一区域随时伴有对方射门的可能性，因此，这一位置的防守任务也是极为重要的。所以，突前中卫的主要战术职责是盯住位于门前中路的进攻得分手，故而又叫盯人中卫。它的职责分为防守和进攻两个方面。

①防守方面　看守突前中锋，这是突前中卫的主要任务。为此必须做到：

占据有利位置　具体要求是力争占据内线靠近球的一侧，与对手保持合适的位置，将运球对手往边路挤，以缩小其射门角度，只要有可能接球并对球门产生较大威胁时均应紧逼，反之则可重点扼守门前中路或与同伴交换看守对象；

识别对手特点　不给对手个人突破，组织进攻等诸方面的能力与专长的发挥，以最大限度削弱其进攻危险性；

机动灵活抢夺　抢夺要见机行事，既不能让对手舒服接球，又不能盲目贴身乱扑。同时要十分重视展开积极的空中争夺，以削弱对手的头顶传射威力；

迅速向后补位　当自己抢断失败，自由中卫上去阻截企图突破的中锋时，突前中卫应迅速为自由中卫进行补位，以便重新形成双层防线的局面；

②进攻方面　突前中卫的主要任务是防守，但是一旦战术时机成熟，就应该参加进攻。具体任务：抢得球后，可以将球传给边位，前卫或前锋来发动进攻；在中场接应同伴传球，组织进攻，加强中场进攻力量；战机成熟的时候，可以直接投入一线进攻，并力争射门。进攻结束必须迅速回位。

（5）自由中卫

又叫拖后中卫，他处于3名后卫后方的要害地域，是防守的可靠后盾。其职责分为防守和进攻两个方面。

①防守方面　阻截直达球门的通路是主要职责。为此，需要根据球的位置和双方攻守的情况，积极选好位置，随时准备对付各种可能出现的复杂局面。主要注意：

截获　驻守防区，截获传球；

弥补　抢断渗透性直传球，弥补门前空挡；

奇兵　阻击离开自己基本位置的插上奇兵；

补漏　机动保护，及时补漏；

空挡　掩护进攻，弥补空挡；

防守　居后指挥，稳固防守。

②进攻方面　自由中卫在进攻方面，主要职责有：

进攻　夺球发动进攻；

传给　抢得球后，可以将球传给边位、前卫或前锋来发动进攻；

配合　居后接应配合；

射门　突然插上进攻，自由中卫通常无专人盯逼，突然出现在对方门前颇有威胁。主要采用长距离运球突破，结合 2 过 1 配合的方法，力争射门；

回位　进攻结束必须迅速回位。

（6）边前卫

又叫组织型前卫，可以分为防守型和助攻型。因为一般阵形里一边只设一个边前卫，所以尽量把两个职责合二为一，也就是攻防兼备。左右两个边前卫站在中场两侧，与边锋一样，对球员的要求也包括灵活快速、善于盘带。而场上责任也有突破、传中起球、助攻等。具体职责如下：

①组织进攻　在中场随时准备摆脱防守，接应同伴，充分发挥组织者的作用；

②控制节奏　根据竞赛临场情况决定进攻的速度和节奏，选择有利的传球时机与传球点；

③威胁球门　当中锋拉边或回撤，边锋里切或回撤，则应以突然的快速插上或套边占领空挡，接获同伴传球，并依靠个人突破或二过一配合完成射门；

④积极防守　本方一旦丢球，就应立即转为防守，着重注意对口盯人，在中场延缓阻滞对方进攻，伺机抢夺，随着对方进攻的推进而撤退到本方门前防卫。

（7）后腰

又称"防守型中卫"，是指比较靠后的中前卫，位于中后卫前面，主要任务是协助球队防守，同时是球队阵形攻防转换的关键位置。后腰位于球队阵形的攻防转换的关键位置，因此在整个球队战术体系中是非常重要的一环，其具体职责有：

①对口盯人　通常盯防对方的"二中锋"，抑制其进攻的威胁；

②机动防守　根据临场的不同情况，在罚球弧前面的中场地带，采用盯人与区域防守完成各种防守任务；

③及时补位　中路防守上出现漏洞时，应及时弥补中卫的空隙，封锁攻门的通道。一旦由守转攻，一侧前卫插上进攻时，也应占据插上前卫留下的空挡，以免中场脱节；

④伺机进攻　进攻的主要任务是负责前后左右的接应，以及灵活地转移进攻方向。但是，一旦出现良好的战机，也应该及时插上进攻和远射。

(8) 前腰

也称为"突前前卫"，标准站位于前锋身后，负责为前锋输送进攻的炮弹，组织二次进攻，在中场组织第一道防守线。具体职责包括：

①制造空挡　通过无球跑动，在两肋策动，吸引对方注意力。从而打开缺口，为同伴利用中路空挡，进行转移传球或运球突破创造有利条件；

②组织进攻　在中路控球时，应当发挥组织进攻的作用。尤其是当前卫、边后卫插上助攻时，应为其提供有威胁的传球；

③攻击球门　善于利用中锋为墙做2过1突破，攻击对方球门；

④边锋里切　拉出边路空挡，前卫套边替代边锋进攻职能；

⑤积极防守　本方一旦由攻转守时，要积极追赶和盯防就近的对方控球队员，延缓对方进攻，并积极参与门前防守。遇到中场指挥者和防守前卫出击时，则应在中场保护以确保中场优势。

(9) 突前前锋

突前前锋位于进攻的最前线，通常起着尖刀和炮手作用，其基本的战术任务：

①积极射门　在对方门前运用带球突破，空切突破，中路包抄，争顶高球等积极射门；

②扯动看守　通过无球跑动，扯动防守者，制造空挡，为同伴突破与射门创造空隙；

③传球配合　位于全队最前方，采用传切，顶球摆渡，墙式 2 过 1 配合等，为同伴创造突破与射门的机会；

④积极反抢　失球后立即反抢，争取将球夺回，或者破坏对方第一传，延误对方的反攻。

（10）边锋

主攻边路，负责边路插上助攻，根据战术需要会和中锋换位，不仅需承担起边路进攻的职责。而且通过交插换位要完成多种战术任务：

①侧翼进攻　具体包括：通过带球突破或配合突破，打开边路缺口，进行传中或射门；通过有球或无球的活动，扯动防守，拉出边路空挡，让前卫或后卫插上；中路或异侧进攻时，拉边牵制防守，并随时准备接应转移传球；大范围交叉换位，起到另一侧边锋的作用；

②中路进攻　具体包括：内切中路，进行配合突破或射门；与中锋交叉换位，起到中锋作用；异侧边路传中，及时包抄射门；

③积极防守　具体包括：由攻转守时，紧盯"自己的后卫"，不让其自由助攻；必要时积极参与中场或后场的集体防守；当对方发角球或罚球区附近任意球时，要积极参与门前防守。但本方边后卫出击时，应临时代行边卫之职。

（11）影子前锋

影子前锋就是介于前锋和前腰之间，位置不太固定，左右中经常交插换位。影子前锋的主要作用是连接锋线和中场。这个位置的球员往往有很好的脚下技术，很好的盘带水平。并且他前面应有一个强力中锋顶在前面。通常是在进攻当中，紧跟在前锋身后或一侧做无球跑动，一旦前锋被铲或被成功阻挡，他应该会有保护球的动作或把球分到无人位置，这时候，影子前锋就会立刻拿球突破，创造得分机会。

具体来说，影子前锋的作用包括两个方面：

①策应　设定为策应职责后，影子前锋的主要任务是在靠后的位置威胁对方禁区，为队友创造机会；

②进攻　设定为进攻职责后，影子前锋除了给队友创造机会外，也会给自己寻觅机会。

6. 足球竞赛的裁判人员

在每一场正式足球竞赛中均有 *1* 名主裁判、*2* 名边线裁判和 *1* 名第四官员组成的裁判组，负责竞赛的判罚。*2010* 年 *7* 月 *21* 日，国际足联通过了正式决议，实行 *5* 名裁判执法制度，即增加 *2* 名底线裁判帮助执法，以求减少绿茵场上的误判错误。

裁判员

每场足球竞赛由 *1* 名裁判员控制，他被任命具有全部权力去执行与竞赛有关的竞赛规则。裁判员根据与竞赛相关的事实所作出的决定是最终的。

具体来说，足球裁判员的权力包括：

（*1*）执行规则

执行竞赛规则。

（*2*）控制竞赛

与助理裁判员及当有第四官员时，和他们一起控制竞赛。

（*3*）确保要求

确保任何竞赛用球符合规则第二章的要求；

（*4*）确保装备

确保队员装备符合规则第四章的要求。

（*5*）记录成绩

记录竞赛时间和竞赛成绩。

（*6*）作出决定

因违反规则停止、推迟或终止竞赛；因外界干扰停止、推迟或终止竞赛。

（*7*）移出场地

如果他认为队员受伤严重，则停止竞赛，并确保将其移出竞赛场地。

（*8*）允许进行

如果他认为队员只受轻伤，则允许竞赛继续进行直至成死球。

（9）重回场地

确保队员受伤流血时离开竞赛场地。该队员经护理流血停止，在得到裁判员信号后方可重回场地。

（10）判罚犯规

当一个队被犯规而根据"有利"条款能获利时，则允许竞赛继续进行。如果预期的"有利"在那一时刻没有接着发生，则判罚最初的犯规。

（11）严重处罚

当队员同时出现一种以上的犯规时，则对较严重的犯规进行处罚。

（12）掌握时机

裁判员不必立即向可以被警告或罚令出场的队员进行处罚，但当竞赛成死球时必须这样做。

（13）有权驱逐

向对自己行为不负责任的球队官员进行处分，并可酌情将其驱逐出竞赛场地及其周围地区。

（14）果断判罚

对于自己未看到的情况，可根据助理裁判员的意见进行判罚。

（15）清理人员

确保未经批准的人员不得进入竞赛场地。

（16）控制竞赛

竞赛停止后重新开始竞赛。

（17）提交报告

将在赛前、赛中或赛后向队员和球队官员进行的纪律处分、其他事件的情况用竞赛报告提交有关部门。

助理裁判员

在足球竞赛中，主裁判往往对关键进球的判罚拥有毋庸置疑的"最终解释权"，具有非常大的权力。不过，在主裁判的身边还有一些人是我们不该忽视的，那就是助力裁判。助理裁判员应依据竞赛规则协助裁判员控制竞赛。

（1）助理裁判员的职责

①示意　当球为死球时，示意判角球、界外球或是球门球；

②对方　示意哪一个对方发角球或者任意球；

③越位　向主裁判示意队员处于越位位置；

④替换　当球队要求替换队员时，向主裁判示意；

⑤行为　向主裁判示意发生在主裁判视野之外的不正当行为或其他事件。

（2）助理裁判员的旗示

在足球竞赛中，主裁判在场地内，而助理裁判在场地的两边，距离很远，语言交流十分不便，此种情况下，助理裁判员的旗示就显得非常重要。它不仅给主裁判传递信息，也给球员和观众传递着竞赛信息。

①界外球旗示　当球出界时，助理裁判员首先将边旗举起，示意球已出界，再清晰的指出掷界外球的方向；

②球门球旗示　助理裁判清晰的将边旗清晰的指向球场内球门区的方向；

③判罚角球旗示　助理裁判员应该将边旗指向靠近他的球场四分之一的角球区域，这是十分重要的，而不能指向远离他的角球区域，那将使人产生疑问，主裁判也无法判断这个信号是助理裁判员给出的球门球信号、越位信号，还是角球信号；

④越位的旗示　助理裁判员高举起边旗，当裁判员看到示意后，他将旗子指向越位的地点；

⑤替换运动员的旗示　助理裁判员双手将旗子水平举在头顶，但是，注意竞赛中不能给出这样的信号，仅仅是在竞赛暂停时才能给出这样的信号；

⑥协助犯规判罚的旗示　根据规则要求，助理裁判发现球员犯规时，将旗子上举并晃动。当主裁判看见旗示并令竞赛暂停后，助理裁判员将旗侧斜上举，指示踢任意球的位置。

此外，助理裁判员应依据竞赛规则协助裁判员控制竞赛。助理裁判员如有过分干预或不合适的表现时，裁判员可解除其职责并将报告提交有关部门。

第四官员

即替补裁判员，第四官员由竞赛规程指派，同时在其他3名竞赛

裁判中的任何 *1* 名不能担任执法工作时上场替补。竞赛规则中没明确第四官员的职责，他应在赛前、赛中和赛后协助裁判员进行工作。

（1）执行竞赛有关规定

这些规定是指竞赛规程、裁委会及主办机构对竞赛的有关规定和要求。

（2）准备替补上场执法

第四官员在竞赛前应将自己的裁判服装、鞋袜及执法用品准备齐全，在裁判员不能继续担任临场工作的情况下，按照赛前组委会的规定，及时上场负责竞赛的裁判工作。

（3）负责赛场管理工作

在裁判员的要求下，第四官员一般应做到：

①进入　未经裁判员同意，场外任何人不能进入竞赛场地，包括受伤队员重新入场；

②阻止　阻止向场内投递饮料或其他物品；

③离场　令替补席位上多余人员离场；

④制止　制止教练员或其他人员在技术区内干扰竞赛；

⑤禁止　禁止替补队员在边线外热身或用球活动，在其他区域热身也不得穿正式竞赛服装；

⑥违反　禁止摄影记者离开规定区域随意走动，或违反夜间使用闪光灯的规定；

⑦管理　对其他干扰、影响竞赛的情况进行管理。

（4）竞赛中队员替换工作

第四官员当接到竞赛队要求替换队员的名单后，应按这样程序完成替换工作：

①审查　审查上场队员是否为赛前列入替补名单中的队员，替补手续是否合乎要求；

②检查　检查替补队员装备是否符合规则规定；

③提示　待竞赛成死球时，用规定信号向裁判员提示；

④中线　经裁判员同意，场上被替换下场的队员从中线处离场后，再允许替补队员进场；

⑤记录　记录替换队员号码、时间。

（5）竞赛备用球的保管

①管理　每场竞赛第四官员应管理好竞赛的备用球；

②赛前　赛前要对球的气压进行检查；

③赛中　竞赛中裁判员认为需要使用备用球时，应及时提供；

④赛后　赛后应负责将球归还主办机构。

（6）协助裁判员执行工作

第四官员除了执行规定的任务外，还应该积极协助裁判员做好其他工作：

①检查　竞赛前，协助检查竞赛场地；

②收取　提前60分钟收取竞赛双方队员名单并核对上场队员名单；

③装备　检查上场队员装备是否符合规定和要求；

④记录　竞赛中，协助记录替补队员、进球队员、被警告或罚出场队员的号码和时间和处理场上发生的其他重大事件等情况；

⑤善后　竞赛后，协助校对记录内容及处理其他善后工作。

（7）公布竞赛应补足的时间

一般在每半场进行至44分钟时，裁判员用信号告诉第四官员应补时的时间，第四官员则根据裁判员的决定，将延长的时间用换人牌向竞赛队及观众公布。

（8）报告竞赛有关情况

在竞赛结束后第四官员应向有关机构提交裁判员和助理裁判员没看到的任何不正当行为或其他事故的报告，并必须在赛后总结时对裁判员和助理裁判员的报告提出建议。

7. 足球运动相关术语

足球术语是指足球运动中的专业用语，常用的术语有弧线球、鱼跃扑球、清道夫、自由人、全攻全守、沉底传中、外围传中、交叉换位、长传突破等。

帽子戏法

帽子戏法之说来源于板球。它的本意就是板球手连续用 3 个球得分而获得一顶帽子鼓励的游戏。现在，在足球竞赛场合，如果有独中三元的表现，就叫做"帽子戏法"。

乌龙球

"乌龙球"源于英语的"OWN GOAL"一词，意为"自进本方球门的球"，香港球迷根据这个单词的发音，将其称为"乌龙球"。"摆乌龙"引用到足球赛场上，指本方球员误打误撞，将球踢入自家大门，不仅不得分，反而失分。

弧线球

指使球呈弧线运行的踢球技术，常见于任意球和远射。足球在运行中，由于其强烈旋转，使两侧的空气发生差异而形成，此时足球会以强烈的弧线运行，因此俗称为"香蕉球"。常用于绕过位于传球路线中间的防守队员，或射门中迷惑对方守门员，使之产生错误判断。

鱼跃扑球

这是守门员的一种难度较高的扑球技术。以与球同侧的一脚用力蹬地，异侧腿屈膝提摆，使身体跃出腾空扑球。因是腾身侧面跃出，增大了控制的范围，故能扑到用其他动作难以扑到的球，但不足就是难以在此动作后作出第二反应。

清道夫

足球竞赛中承担特定防守任务的拖后中卫之别称。1966 年第八届世界足球锦标赛，在"固守稳攻"的战术思想影响下，为了加强防守，于后卫线后面安排一个队员，其职责是只守不攻，执行单一的补位防守任务，"打清"攻到本方球门前的来球，因而得名。

下底传中

足球运动进攻战术之一。指边线进攻中，通过个人带球突破，或集体配合把球推到对方端线附近，然后长传至对方球门前的战术方法。攻方在快速推进中，常乘对方防线阵脚未稳时，采用此法中间包抄以射门得分。

外围传中

足球运动进攻战术之一。当攻方有球队员在边线附近与对方球门约成 45 度角的地区时，用过顶长传把球传向处于对方罚球区附近的同伴，供同伴用头顶球连续进攻，称为"外围传中"。

交叉换位

竞赛中进攻队员为了摆脱对方的防守，在跑动中左右换位的战术配合方法。最常见的是：左侧的队员疾跑至右侧的队员前接球，右侧队员传球后，交叉跑到左侧位置。

长传突破

运用远距离传球突破对方防线的战术方法。当代足球竞赛中，多用于快速反击时。防守队员在本方球门前抢截得球，利用对方压上进攻后不及回防的时机，长传给突前的同伴，以突破对方的防线。

插上进攻

指位于第二、第三线的前卫、后卫队员，插入第一线参加进攻的战术方法。因有纵深距离，故容易摆脱对方的防守，并且第二线、第三线队员的插上具有较大的隐蔽和突然性，因此，更具威胁性。后卫插入前锋线直接参加进攻是全攻全守战术的一个重要标志。

全攻全守

一个队除守门员之外的 10 名队员都在履行进攻和防守的职责，称为"全攻全守"。根据竞赛中攻与守的需要，每个队员都可到任何一个位置上发挥这一位置队员的作用。这一战术打破了阵式对队员的束缚，能充分调动和发挥队员的积极性和才能。

区域防守

每一队员根据位置划分一定的防守区域，在划定的范围内，主要采用站位的防守方法，而不紧逼盯人。这使进攻队传接球比较容易，且在同一区域内出现两个以上进攻队员时，防守就感到困难。

造越位

根据规则，进攻队员在传球时，接球队员如与对方端线之间防守队员不足 2 人时则为越位。防守队员利用这一规定，在对方传球之前的极短的时间内，突然向前一跑，造成对方接球队员与本方端线之间有一个防守队员的局面，使对方越位犯规。

反越位战术

这是针对对方"造越位"战术而采取的一种进攻战术。当进攻队员觉察到防守者用制造越位的战术破坏本方的进攻时，及时改变传球方向，让在后面的队员插上接球或自己直接带球快速推进射门，从而使对方退防不及。

篱笆战术

也称人墙战术。在自己门前危险区域内，当对方罚任意球时，几个防守队员并排成"人篱笆"，以帮助守门员封住对方射门的部分角度。

撞墙式

竞赛中进攻时的一种过人战术，即形成2人过一人局面时，2人一传一切，接球再传者一次出球，使传球者传来的球像撞在墙上一样，从而加快过人速度，故名撞墙式。

8. 足球运动的颠球技术

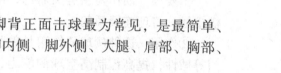

也称"耍球"，指用身体的某个或某些部位连续不断地将处于空中的球轻轻击起的动作。这种活动是增强球感、熟悉球性的有效方法。

颠球的种类

颠球的方式有多种，其中用脚背正面击球最为常见，是最简单、最重要的颠球练习。此外还有用脚内侧、脚外侧、大腿、肩部、胸部、头部击球、触球的。

（1）正脚背颠球法

①要领　动作要领是以髋、踝关节为轴，脚尖跷起，使球与前脚面接触，球向内转动，将球连续颠起。正脚背颠球可采用单脚和左右脚交替颠球等方法；

②作用　这种颠球的作用是正脚背颠球可以熟悉球与脚面接触的感觉，对控制用正脚背踢定位球、滚动球、正面空中球与侧面凌空球的传球、射门和脚面停球有作用，对促进身体的协调配合有很大帮助。

（2）大腿颠球法

①要领　动作要领是以髋关节为轴，屈膝上抬，球与大腿面接触，使球向内转动，将球连续颠起。单腿面颠球熟练后，可以采用双腿交

替颠球法；

②作用　这种颠球可以使运动员熟悉大腿与球接触的感觉，对训练大腿停球、挡球等控制能力，培养身体的柔软性及协调配合的能力也有很大的作用。

（3）脚内侧对颠法

①要领　动作要领是以膝关节为轴，脚内侧内扣，脚内侧与球接触，左右脚内侧将球连续颠起；

②作用　这种颠球的作用是对教学、训练、竞赛中使用脚内侧踢地滚球、空中球，停地滚球、反弹球、空中球等各种踢、停球的球性和自如地控制球的能力培养有很大的好处。

（4）脚外侧颠球法

①要领　动作要领是屈膝以髋关节为轴，脚尖翘起，脚外展，球与脚外侧接触，将球连续颠起；

②作用　这种颠球的作用是熟悉脚外侧踢球、运球、停球的球感和球性，提高控制球的能力，对增强踝关节的灵活性和身体协调性有很大的作用。

（5）头顶颠球法

①要领　动作要领是头后仰，两臂自然张开，球与头的正额、侧额接触，将球连续颠起；

②作用　这种颠球的作用是熟悉头顶抢截球、头顶传球和头顶射门等球性，提高控制高空球的能力，增强身体柔韧性和全身协调配合的能力等作用。

（6）肩上颠球法

①要领　动作要领是以肩关节为轴，球与肩上接触，做耸肩动作，将球连续颠起；

②作用　这种颠球的作用是熟悉肩上合理部位与球接触的性能，对处理高空球、促进各关节的灵活性、身体协调性有很好的作用。

颠球易犯错误

（1）错误危害

很多人在练习颠球时都爱犯一些错误，造成练习效果不佳。

（2）常见错误

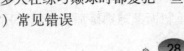

一般说来，练习者常犯的错误包括以下情况：

①不稳定　脚击球时踝关节松弛，造成用力不稳定；

②难控制　击球时脚尖向下或向上勾，造成球受力后向前或向后触碰身体，使球难以控制；

③不放松　颠球时身体其他部位不够放松，以至于动作僵硬；

④不协调　头部颠球时腿部、躯干、颈部配合用力不协调，仅靠颈部。

9. 足球运动的踢球技术

踢球是足球技术中最基本的技术动作之一，主要运用于传球和射门。踢球技术动作方法很多，但其动作过程都是由助跑、支撑、摆腿、击球和随前动作 5 个部分组成。

助跑

助跑是指运动员在踢球前的几步跑动。它的作用是使身体获得一定的前移速度并能调整人与球的位置、关系，以利于支持脚处于正确的位置和增加击球力量。助跑的最后一步，步幅应适当加大，为增大踢球的摆幅、制动身体前冲和提高踢球的准确性创造了有利条件。

（1）助跑的种类

为了给踢球做好准备，根据不同的情况，助跑有多种形式，比如快速跑、曲线跑等。

①快速跑　快速跑是指跑的速度程度。跑的速度是由步幅和步频决定的。在保持一定步幅的条件下，加快步频是提高速度的重要途径，同样在保持一定步频的条件下，加大步幅也能够提高跑速；

②曲线跑　曲线跑是为了绕过对方队员，接应来球，内切包抄，断抢来球，盯住对手采取的跑动方法；

③折线跑　拆线跑一般多是进攻队员为了摆脱对手或穿越密集防守时采用的一种跑动方法；

④侧身跑　侧身跑是为了便于观察场上情况，随时准备参与攻守的具体配合时采用的调整位置的跑动方法；

⑤插肩跑　插肩跑是为了限制处在与自己并肩跑的对手的跑动速度，进行争抢位置或争夺球时采用的方法；

⑥后退跑　后退跑一般是在以少防多时，为了延缓对方的推进速度，伺机进行争抢或是当对方队员处在威胁着本方球门的情况下，为了盯住对手，限制其活动，常用后退跑；

（2）动作与要求

首先是判断好距离。助跑的方向与击球方向应一致，成直线跑。动作要放松自然，步幅均匀，整个助跑是加速度过程，特别是最后两步必须积极快速，为了加大踢球腿的摆幅和摆速，要求助跑的最后一步要稍大。

支撑

（1）作用

支撑是指在踢球过程中支持脚的力量、踏地方法、足尖方向和维持身体平衡的动作。它的作用主要是移动身体重心，维持身体平衡，使踢球腿得以协调发力。

（2）要领

完成这一步的要求是，在助跑最后一步，支撑脚要踏在球的前后轴线的平行线上，脚距球的距离大约在0.10米至0.15米，脚尖正对击球方向。随着身体前移，支撑脚成滚动式的由脚跟过渡到脚前掌。膝关节随之微屈，膝关节的夹角在135度至150度。

摆腿

（1）要求

摆腿是指对踢球腿的动作而言。根据力学原理，作用力的大小取决于线速度的大小。因此，要加大击球的力量，必须要加快腿的摆速，特别是小腿的急速前摆。

（2）方法

踢球腿的摆动方法有两种：

①带动　在跨步支撑的同时，大腿后引，小腿后屈前摆时以髋关节作轴，大腿带动小腿的摆动击球；

②前摆　在跨步支撑时积极送髋，大腿前顶，小腿后屈，以膝关节作轴快速前摆小腿击球。

击球

（1）概念

击球是踢球动作的核心。助跑、支撑和摆腿等动作的完成都是为了保证准确的击球。它包括击球时间、击球点和在击球刹那的动作表现。

（2）部位

这里指击球时脚与球的对应部位，包括击球时脚的部位和球的部位，它决定脚对球作用的关系和效果。选用击球部位取决于多种因素，其中应以出球的目标和目的为主要依据，以保证踢球的目的性和准确性都符合竞赛需要。

运动员在踢球时，通过选择不同的足球部位，常常会有不同的效果。一般说来，各个部分触球的表现效果如下：

①后中部　击球点在球的后中部，作用力通过球心，作用力方向是朝着正前方，踢出的球则向前平直运行；

②后下部　击球点在球的后下部，作用力通过球心，作用力方向朝着斜上方，踢出的球则偏高；

③右手侧　击球点在球的右手侧，作用力通过球心，作用力方向是由右后上方向左前方踢出的球则向左前方运行；

④后上方　击球点在球的后上方，作用力通过球心，作用力方向是由后上方向前下方，球则会"卡壳"或出球无力；

⑤作用力　如果击球的作用力不通过球心，球则会产生旋转并且绕自身的旋转轴沿弧线运行，这就是弧线球。

（3）时间

指踢球脚作用于球的时间。在固定条件下，增加作用时间，能加大击球力量，并有助于控制出球方向。缩短作用时间，则可加快出球速度。

（4）动作

击球动作是指踢球脚运用部位在击球的一刹那的动作表现而言。击球动作随着足球技术的不断发展，从实践中概括有以下几种：

①摆击　摆击动作是以髋关节为轴，大腿带动小腿的大摆幅踢法。摆击动作的突出表现是在摆腿击球过程中有明显的随摆动作，踢球腿

的摆动幅度大，距离长，这种击球动作出球力量大、平稳，多适于中远距离的传球和射门；

②弹击　弹击动作的突出表现是摆腿击球时，以膝关节作轴，充分利用小腿的快速前摆击球，击球后随摆动作自然。这种击球动作摆动幅度较小，起脚快，动作小而突然。弹击动作适用于踢地滚球或反弹球；

③轴击　这种击球动作出球急并带有强烈上旋、前冲力大，故适于向空挡传球、落地反弹球和空中球射门。抽击动作的突出表现是在摆腿击球的刹那具有明显的提拉动作。提拉的时间是在运用脚踢球部位即将触脚的刹那，大腿积极上提，小腿前摆突停顺势上拉。抽击的击球点一般选在球的后中部稍偏下部，以有助于提拉动作的完成。抽击动作完成的关键在于提拉时间；

④敲击　敲击动作的突出表现是后摆小、前摆快，击球动作急而快速，击球后具有较明显的突停和自然后撤动作。这种击球动作出球平直而急多用于直接传球和近距离射门。

⑤推击　推击多是在支持脚离球较远，为能控制球高度，保证出球方向的准确，一般在冲刺切入射门时，由于步法不易调整，为做到不失时机地快速完成射门动作而采用之。推击动作的突出表现是踢球腿没有明显的后摆，前摆击球动作类似弹击。当脚触球后，运用支撑腿的后蹬所产生身体重心向前平移的速度平稳推球。

随前动作

踢球的随前动作，是要求脚与球接触时踢球腿仍以触球时的同样摆动速度继续前摆和送髋。球是弹性体，用脚踢球时脚与球并不是触到即离开，而是经过一段时间，尽管其时间极短。

如果用30米/秒的摆腿速度踢球时，脚楔入球体约0.06米至0.07米，球由静止状态转入运动状态，与此同时踢球脚仍以触球时的速度继续前摆，此时脚面紧贴球体，由于弹性体的球凹陷时内压增大，球又以极快的速度从凹隐恢复原状给紧贴球体的脚面以反作用力，虽然这个反作用力不会对击球刹那以同样速度继续前摆的脚发生降低摆速的影响，然而却对尚未达到最高速度的球自身运动速度起着进一步加快的作用，同时还影响出球的准确性。

随着球速增大，脚速减小，球、脚分离。这时继续做随前动作对球的运动已不再发生任何作用，但是却能加长脚落地时的步幅，因而必能产生制动效果，从而达到逐渐缓和前惯性的作用。

踢球动作

踢球是足球基本技术中的主要技术，它要求球员有目的地把球踢向预定目标——传给同伴或射门。踢球的方法有很多，按触击球时脚的部位可分为脚内侧、脚背外侧、脚背内侧、脚背正面、脚尖和脚跟踢球几种方法。

（1）脚背正面踢球

①特点　脚背正面踢球是指用脚背正面部位接触球的一种技术动作。脚背正面踢球常用于踢定位球、空中球、反弹球和倒勾球等，特点是踢球腿的摆幅大、摆速快、力量大、出球方向单一；

②动作　直线助跑，最后一步略大，支撑脚踏球侧右约0.1米处，脚尖正对出球后向，膝关节略屈，小腿顺势上提，随前摆动；支撑脚着地同时，以髋关节为轴，大腿带动小腿由后向前摆，当膝盖摆至接近球正上右的刹那间，小腿做爆发式前摆，脚踝紧绷，脚趾扣紧，以脚背正面击球后中部，踢球腿提膝，随球继续前摆；

③错误　支撑脚选位不当，影响摆踢发力和击球效果；击球刹那，脚型不稳，趾尖上挑，影响出球力量和方向；踢球腿摆踢路线不直，出球方向不正；

④方法　要根据来球的情况和出球的目的，合理确定支撑脚的位置；整个击球过程要保持脚背绷紧，脚跟提起，脚尖下指的脚型；前摆击球时，要求膝关节向目标方向顶送，以保证作用力的目标方向。

（2）脚背内侧踢球

①特点　脚背内侧踢球是指用脚背里侧，俗称里脚背，触球的一种技术动作。脚背内侧踢球常用于中距离射门和传球，特点是踢摆动作舒展、幅度大，脚触球面积大，出球平稳有力，性能和线富于变化；

②动作　斜线助跑，助跑方向与出球方向约成45度角，支撑脚踏在球后方约25厘米处，膝盖略屈，脚尖指向出球方向，重心倾向支撑脚一侧，踢球腿以髋关节为轴，由后向前摆，击球后踢球腿顺势前摆

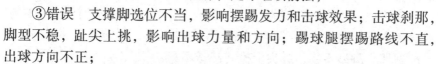

着地;

③错误 支撑脚选位不当,脚趾没对准出球方向,影响摆踢动作的完成;击球刹那,膝不向前项送,而是顺势内拐,导致出球侧内旋;踢球腿后摆动作紧张,影响前摆速度,击球发力不足;支撑脚落位编后,上体放松后仰,出球偏高乏力;

④方法 要求助跑的最后一步支撑脚脚趾要转对出球方向;踢球前摆时,膝关节要向出球方向自然顶送,以保证作用力的目标方向;要求后摆动作自然放松,确保前摆动作能加力加速;上体保持适度的向前轻压,可防止出球偏高和加大击球的作用力。

（3）脚背外侧踢球

①特点 脚背外侧踢球是指用脚背外侧触球的一种技术动作。脚背外侧踢球常用于传球和定位球射门,特点是出脚快,隐蔽性较强,摆腿动作小,能利用膝、踝关节的灵活变化,改变出球方向和性质,实用性较强;

②动作 脚背外侧踢球方法类似于脚背正面踢球,只是摆腿时脚趾向内扣紧斜下指,用脚背外侧击打球中后部;击球后,踢球腿顺势前摆着地;

③错误 支撑脚选位不合理,影响摆踢发力;摆腿时髋关节内转或直腿击球,击球发力不足;膝、踝旋内不够,影响击球的准确性;击球刹那,脚型不稳,脚尖上撩,出球不稳;

④方法 要根据来球的方向及状态合理确定支撑脚的位置,保证踢摆发力;后摆与前摆都须屈膝摆动,方可保证踢摆速度;摆腿时要依靠膝、踝关节旋内保证脚外侧都触击球;击球刹那,脚型要保持相对稳固。

（4）脚内侧踢球

①特点 脚内侧踢球是指用脚内侧接触球的一种技术动作。脚内侧踢球常用于踢定位球,直接踢来自各个方向的地滚球、反弹球、空中球。脚内侧踢球的特点是脚与球的接触面积大,出球平稳准确;

②动作 直线助跑,支撑脚踏在球侧方约 *0.15* 米,膝关节略屈,在支撑脚着地的同时踢球;腿以髋关节为轴,由后向前摆,在前摆过程中屈膝外展,踢球脚的脚内侧正对出球方向;小腿急速前摆,脚尖

略翘起，脚底与地面平行，用脚内侧击球后中部，踢球脚随球落地；

③错误　踢球腿膝、踝关节外展不充分，脚趾没勾翘，击球脚型不正确，影响击球效果；踢球腿直腿摆击球，出球乏力；击球刹那，脚型不固定，出球不顺畅；

④方法　针对这些错误的纠正方法有膝、踝关节充分外展保证脚内侧部正对来球，脚趾勾翘保证脚掌与地面平行；要求踢球腿屈膝外转前摆击球，确保摆击的速度和力量；要在整个击球过程始终保持前摆结束时的正确脚型。

10. 足球运动的传球技术

足球竞赛主要靠集体合作来完成进攻与防守任务，因此，应以集体配合为主。而足球运动员之间的传球，则是集体配合的基础，是完成战术配合，创造射门机会的主要手段，也是迅速逼近对方球门最有效的方法。

原则

传球固然重要，但为了保证传球不至于丢球，运动员就要坚持注意一些原则了。一般来说，运动员传球时要注意的原则有以下几条：

（1）先观察再传球

在足球竞赛中，在拿球之前一定要了解周围的情况，在拿到球后如果有空挡，第一选择应该是传球，而不是带球。只有在没有更好机会的情况下，才有带球寻找机会的必要。

（2）传易不传难

传球的时候，在机会均等的情况下，应该首先选择采用最简单的方式进行传球，如果没有这样的机会再采用较难的方法，因为这样可以保证进攻的递进性和成功率，不会使得自己队伍轻易的丧失进攻的机会。

（3）传近不传远

传球的时候，在机会同等的情况下，应该首先选择离自己比较近的队友进行传球，这样可以最大限度的减小传球的失误率，保持进攻的连续性。一般最佳的传球距离是10米至30米。

（4）力量要适中

传球的力量应适度，有利于接球者处理球，并且要准确。在向被对手紧逼的同伴脚下传球时，传球力量要小些，并且将球传向远离防守队员的一侧脚，否则，易被对方队员抢断；向空位传球时，一般要球到人到，人到球到，但在向有较大纵深距离的空位传球时，若突破接应的队员速度快，补位的防守队员离得也较远，传球力量就要大些，以利于发挥突破队员的速度。

（5）球找空挡

在传球的时候，注意要将球传向对方防守人数较少的一侧，而不是将球传向人堆当中，这样才可以实行战术打法。而如果将球踢向"人堆"中，一场"踢腿大战"很有可能就此开始，就更不要提什么战术打法了。

技术

和接球类似，足球的传球也分很多种。具体包括脚弓传球、外脚背传球、正脚背传球等。

（1）外脚背传球

支撑脚踏在球的侧后方两脚处，膝弯曲，以脚掌着地支撑身体重心，上体稍向前倾，踢球脚自然后摆。踢球时，以大腿带动小腿，呈弧形迅速前摆，脚向内转，脚趾扣紧，斜指下脚尖方向，以脚背外侧触球的后中部。踢球后，腿随球摆出。

（2）正脚背传球

支撑脚踏在球的侧后方两脚处，膝弯曲，以脚掌着地支撑身体重心，上体稍向前倾，踢球脚自然后摆。踢球时，以大腿带动小腿，呈弧形迅速前摆，脚趾扣紧，脚尖向下，以脚背正面触球的后中部。踢球后，腿随球摆出。

（3）脚背内侧传球

脚背内侧传球多用于长传球，传球的距离比较远。跑动时身体自然放松，上体稍前倾并稍向运球方向转动，两臂自然摆动，步幅要小些。运球脚提起时，膝关节弯屈，脚跟提起，脚尖稍外转，在迈步前伸脚着地前，用脚背内侧向前侧推拨球，球向前侧曲线或弧线运行。

（4）脚弓传球

支撑脚踏在球的侧后方两脚处，膝弯曲，以脚掌着地支撑身体重心，上体稍向前倾，踢球脚自然后摆。踢球时，以大腿带动小腿，呈弧形迅速前摆，脚向外转，脚趾扣紧，脚尖斜指上方，以脚弓触球的后中部。踢球后，腿随球摆出。

（5）脚尖传球

脚尖传球技术就是用脚的最前部份踢球的方法。主要是将不同的力道相对集中到脚尖的拇指、食指、中指上，进而传达到球鞋的正前端或其上下左右的靠近部位。通过对球的各个部位进行接触，从而把球以不同的速度、不同的轨迹传送出去的踢球方法。

（3）注意细节

足球的保护是非常重要的，在传球过程中为了保护好自己的球不被抢断，不会传丢，运动员除了要遵守一些原则外，还要注意一些细节的东西，具体包括：

①意图　传球前尽可能隐蔽自己的意图，如：向左运球，向右传；

②多变　传球的动作要快速，简练，多变；攻守队员集中在一侧时，应转移传球方向；

③顺风　遇风雨天竞赛，顺风时少直传、长传，传球力量也要比平时小些；

④逆风　逆风时多传低球，力量大些；下雨地滑，多向脚下传；场地泥泞少传地滚球。

11. 足球运动的接球技术

也称"停球"，足球运动基本技术的一种，是指运动员运用身体的有效部位，将运行中的球有目的接控在所需位置上的动作方法。它是运动员获得球的主要手段。

动作

接球的方式有多种，但无论采用哪一种接球方法，动作结构都是由以下4个环节组成。

（1）观察和移动

为了更好地完成接球动作，事先要注意观察来球的情况。从球的运行路线、球的旋转与速度等情况中，迅速判断落点，及时移动，使自己能处于做接球动作时所需要的最佳位置。

（2）选择部位和方法

接球的不同部位和采用不同的方法，各有其不同的作用，因此，必须根据临场情况及下一步动作的需要，恰当地选择接球的部位与接球方法。

（3）改变来球的力量

根据来球力量大小和接球实际需要，可分别采取加力或减力（缓冲）方法；根据来球力量的方向和接球实际需要，还可按照反射定律调整入射角，获取理想的反射角。

（4）随球移动

接球动作一做完立即随球移动，紧密衔接下一个动作，在接球与处理球的动作之间不能有停顿。

部位

接球的方法有多种，常用的有脚、大腿、腹部、胸部、头部等部位的接球。这每一种接球方法都有自己的特点。

（1）脚部接球

足球的动作主要是用脚来完成的，接球这个动作也主要是用脚。用脚接球的方式也有很多种，如脚内侧、脚背正面、脚背外侧、脚底等。

①脚内侧接球

用脚内侧部作接球的一种技术。脚内侧接球的特点是接球平稳，可靠性强，动作灵活多变，用途广泛。由于脚触球面积大，动作简单，较易掌握。竞赛中经常使用这种技术接各种地滚球、平球、反弹球、空中球；

用脚内侧接地滚球时，身体正对来球，判断来球的速度和方向，选好支撑脚位置，膝关节微屈。接球的脚根据来球的状态相应提起，膝、踝关节旋外，脚趾稍翘，用脚内侧对准来球，触球刹那，接球部位做相应的引撤或变向接球动作，将球控在所需要的位置上；

用脚内侧接反弹球时，接球腿小腿应与地面形成一定的夹角，向下做压推动作时，膝要领先，小腿留在后面；

用脚内侧接空中球时，接球腿要屈膝抬起，可根据需要采用引撤或切挡动作，接球落地后应随即将球在地面控制住；

②脚背正面接球

脚背正面接球这种方法多用于接有较大抛物线的来球。其特点是迎撤动作自如，关节自由度大，接球稳定，但变化较少，适用于接下落球；

动作方法：身体正对来球，判断来球路线和速度，支撑脚稳固支撑，接球腿屈膝提起，以脚背正面对球迎出，触球刹那，接球脚引撤下放，膝、踝关节相应放松，以增强缓冲效果；

欲将球接于体前或体侧前时，接球脚脚跟稍提，触球刹那踝关节适度紧张，通过触球面角度的调整，控制出球方向；

欲将球接至身后时，接球脚脚尖要勾翘，踝关节适度紧张，接球刹那引撤速度要快，身体随之转动，用脚背顺势将球引至身后；

脚背正面接球时易犯的错误有：接球腿膝、踝关节紧张，动作僵硬，缓冲效果差；引撤时机和速度掌握不好，控球不稳；对球的判断不准，接球部位没对准来球，将球碰跑；

③脚背外侧接球

脚背外侧接球的特点是动作幅度小、速度快、灵活机动、隐蔽性强。但动作难度较大，接球时常伴随假动作和转体动作，适用于接地滚球和反弹球；

动作方法：将接球点放在接球腿一侧，支撑腿膝关节微屈。接球腿提起屈膝，脚内翻使小腿和脚背外侧与地面成一锐角，并对着接球后球运行的方向，脚离地面的高度应略等于球的半径，然后大腿向接球后球运行的方向推送，同时身体随球移动；

脚背外侧接反弹球时，要判断好球的落点，接球腿小腿应与地面形成一定的夹角，以膝关节领先做扣压动作，防止球的反弹；

脚背外侧接球后的动作衔接速度相对较慢，因此，支撑脚与接球腿的蹬摆动作要协调连贯，保证接球后身体重心随球快速跟进，缩短动作衔接时间，加快后继动作速度；

④脚掌接球

脚掌接球技术便于掌握，易于将球接到位置，故常被用来接各种地滚球和反弹球。脚掌接球的特点是：动作简单，控球稳定可靠，适用于接迎面地滚球或反弹球；

动作方法：判断来球路线或落点，选好接球位置并稳固支撑，接球腿屈膝提起，脚尖勾翘，使脚掌与地面形成一定的仰角，球临近或落地刹那，接球腿有控制地下放，用脚前掌部位触压球的后中部，将球控在脚下。

采用脚掌接球方法时，为便于完成下一动作，通常在脚掌触压球后连带一个拉引或推送动作，使球处在需要的位置上。欲将球接向身后，多用拉引动作。在体前或体侧则用推送的方法，做动作时重心要随之移动。

（2）腿部接球

①特点　腿部接球一般可以用来接抛物线较大的高空球和略高于膝的低平球。腿部接球的特点是接触球部位面积大，且肌肉丰厚有弹性，动作简便易做；

②动作　身体正对来球，选好支撑脚位置并稳固支撑，接球腿屈膝上抬，以大腿中前部对准来球。触球刹那，接球腿积极引撤下放，接球部位的肌肉相应放松，以加强缓冲效果，使球触腿后落于体前；

具体来说，用腿接抛物线较大的下落球时，面对来球方向，根据球的落点迅速移动到位，接球腿大腿抬起，当球与大腿接触的瞬间大腿下撤将球接到需要的位置上；

用腿接低平球时，面对来球方向，根据来球高度，接球腿大腿微屈送髋前迎来球，当球与大腿接触瞬间收撤大腿，使球落在所需要的位置上；

③动作方法　用腿部接力量较小的来球，还可采用大腿垫接的方法。即接球腿屈膝上抬迎球接球，触球刹那，大腿相对稳定，接球部位肌肉适度紧张，将球向上垫起，可在空中或球落地后处理球。

（3）腹部接球

①动作特点　腹部接球使用不多，但在激烈的竞赛中为了抢点控制球，根据竞赛的需要有时也使用腹部接球，主要用来反弹球、平

空球；

②动作方法　腹部接反弹球时，接球者的身体正对来球方向跑动。判断好球的落点，身体前倾，腹部对准落地反弹的球，腹直肌保持紧张，推压球前进；也可在触球瞬间身体侧转，将球接向所需要的侧面。

腹部接平空球时，来球较突然且于腹部同高时，应先挺腹，在腹与球接触瞬间迅速含胸收腹，将球接下来。

（4）胸部接球

由于胸部接球部位较高，加之胸部面积大、肌肉较丰满等特点，易于掌握，所以胸部接球是接高球的一种好方法。胸部接球包括挺胸式、收胸式两种方法。

①挺胸式接球

挺胸式接球的特点是触球点高、面积大，适用于接有一定弧度的高球。挺胸式接球的动作方法：接球时，身体正对来球，两腿自然开立，膝微屈，两臂在体侧自然屈抬，上体稍后仰与来球形成一定的角度。触球刹那，胸部主动挺送，使球触胸后向前上方弹起落于体前；

②缩胸式接球　一般说来，缩胸式接球适用于接齐胸的平直球。在动作方法方面，缩胸接球与挺胸接球的动作差异在于触球刹那，靠迅速收腹、缩胸，缓冲来球力量，使球直接落于体前。胸部接球的触球点高，接球后球下落反弹。因此，做完胸部动作后，需及时跟上一个脚部动作将球控在脚下。如要将球接向两侧时，身体在触球的刹那要猛然地向出球方向移动，带动球的变向。

（5）头部接球

在足球竞赛中，高于胸部的来球可用头部接球。根据球的运行路线，面对来球，用前额正面接触球的中下部，下颌微抬，两臂自然张开，提起伸膝，触球瞬间全脚掌着地，屈膝、弯腰、缩颈，全身保持上述姿势下将球接在附近。

方式

接球中，不仅有接球部位的不同，还有接球方式的不同。足球接球的方式有许多种，常见的有迎撤、压推、切挡等。

（1）迎撤

是指以接球部位向前迎球，触球刹那向回引撤，以缓冲来球力量的动作方法。在完成这个动作时，迎球和引撤动作要协调连贯，引撤的时机要恰到好处，迎撤的幅度与速度应与球速相对应，方能收到较好的缓冲效果。

（2）压推

压推是压和推合二为一的连贯动作，多用于接反弹球。完成这个动作时，在找好落点和选好支撑位置的基础上，接球部位呈一种适宜的角度对难球的反弹点，在球落地刹那，开始迎着球的反弹方向下压，随即与推合成一个动作，其作用力与球的反弹力形成的合力方向，将使球变向运行并逐渐减速。运用压推动作的关键在于准确判断来球的落点、速度和反弹路线，并能控制好动作时机和压推角度。

（3）切挡

是指通过下切动作加快球的上旋速度，增大地面的摩擦阻力，使来球力量得到削弱，并利用接球部位挡住球路，从而达到控球目的。切挡接球的关键在于把握好动作时机，以及下切角度和速度。球速越快，下切角度应适当调小，下切速度则应加快。反之也反。

（4）拨转

拨转是指拨球与转体连贯合一的动作方法。拨是通过调整拨球角度将球控向转体方向，转既是协调拨球动作的需要，又具有摆脱、突破和尽快面对进攻方向的积极意义。

完成这个动作时，支撑脚的选位要利于蹬转，通过身体转动带动拨转，一般说，拨球的力量应与来球力量成反比，拨球角度应与转体角度一致。拨球时，身体重心应向拨球方向移动，接球脚拨球后要积极落地，并迅速过度为支撑起动，保证重心随球快速移动。

（5）收挺

一般来说，收挺动作多用于接空中球。收指身体或接球部位的后缩动作，具有引撤缓冲动作的功效。挺指身体或接球部位呈一定的角度主动迎球顶送的动作，其作用是通过向上改变来球方向以达到控球目的。

问题

在足球实践中，运动员接球难免会出现一些问题，具体表现为以下几个方面：

（1）接地滚球

地滚球指的是在地面上滚动而来的球，因为地滚球的这一特点，运动员在接地滚球时，常常会遇到几种问题：球从脚下漏过。主要原因：

①高度　未掌握好脚的触球部位距离地面的高度；

②部位　引接球时将球卡死在接球地点，触球的部位过高；

③理想接球后，球未能达到理想的位置，缓冲、加力或触球时所形成的反射角不当；

④身体接球后身体不能及时跟上，影响控制球。

（2）接反弹球

根据反弹球的特点，运动员在接反弹球时，常常会遇到几种问题：

①漏过　球从脚下漏过，未能准确判断球的落点和从地面反弹的路线；

②衔接　接球时将球卡在触球点，影响下一个动作的衔接；

③位置　未能将球接在理想的位置上。

（3）接空中球

根据空中球的特点，运动员在接空中球时，常常会遇到几种问题：

①漏接　对球在空中运行的速度与轨迹判断不准确，或迟或早、或高或低而造成漏接；

②位置　未能将球接到理想的位置。

（4）接旋转球

根据旋转球的特点，运动员在接旋转球时，常常会遇到几种问题：

①失误　对运行中旋转球速度轨迹判断不准确，造成接球时间和接球点选择失误；

②位置　接触球时未考虑旋转球的特点，完全按不旋转球的技术处理，或者对旋转球的转速估计不准确，造成接球力量和方向的错误，不能将球接到理想的位置上。

12. 足球运动的运球技术

也称为"带球"，是指运动员在跑动中为将球控制在自身范围内，用脚部进行的推拨球动作。采用此类方法突破防守队员时，称为运球过人。在足球竞赛中，运球及运球过人，对调控竞赛节奏、丰富战术变化、破解密集防守、创造射门机会都非常有意义。

动作

运球的方式很多，但所有的运球方式基本上都是由支撑脚踏地后蹬、运球脚前摆触球和运球脚踏地支撑三个阶段组成。

（1）支撑脚踏地后蹬

踏地后蹬的目的：

①前移　推动人体重心前移；

②推拨　支撑身体平衡使运球脚能离地提起完成推拨球动作。支撑脚尽量缩短支撑时间，积极后蹬前摆，可以加快跑动速度。这一阶段，应尽量缩短支撑时间，积极蹬送，以加速重心的移动。

（2）运球脚前摆触球

前摆触球的目的：

①位移　给球作用力使球产生位移；

②调节　不断调节触球力量、部位、方向和触球时间，更好地控制运球路线，协调其与跑运速度的关系。在支撑脚蹬送的同时，运球脚前摆触球给球以推动力，触球动作包括触球部位、触球时间、触球力量、触球方向等要素。

只有准确协调地把握好这些技术要素，才能对球进行有效地支配和控制。

（3）运球脚踏地支撑

踏地支撑的目的：

①平衡　运球脚在完成推拨动作后，立即踏地保持身体平衡；

②位移　运球脚由踏地支撑转换到后蹬，同样是为了人的身体产生位移。

在运球过程中，支撑脚踏地后蹬是决定跑动速度的主要环节，运球脚前摆触球是控制球运行的关键。

方法

运球是为战术配合和个人突破服务的。运球只是手段不是目的，如果无目的地盘带，就会延缓进攻的推进速度，使对方能及时回防，从而影响进攻。为了完成不同的运球目的，一般常用脚背外侧、脚弓和正脚背等部位带球。

（1）脚背外侧运球

①特点　脚背外侧带球时，身体转动不大，对跑的速度影响较小，多用于直线快速带球。这种带球方法容易改变方向，隐蔽性强，便于传球或射门，也便于对球进行保护；

②动作　跑动时身体自然放松，上体稍前倾，两臂自然摆动，步幅要小些。运球脚提起时，膝关节弯屈，脚跟提起，脚尖稍内转，在迈步前伸脚着地前，用脚背外侧向前推拨球，球直线运行。向前侧推拨球，球曲线或弧线运行；

直线时　自然跑动，步幅偏小，上体稍前倾，两臂协调摆动。运球脚屈膝提起前摆，脚趾稍内转斜下指，摆至球体上方时，用脚背外侧推拨球的后中部，重心随球跟进。

曲线时　触球作用力方向应偏离球心，使球呈弧线运行。

变向时　应根据变向角度的大小，调整支撑脚的位置、触球部位及运球脚用力方向，以保证蹬摆用力与推拨触球动作协调一致；

③错误　脚背外侧带球时，容易犯的错误有脚直腿前摆，难以控制推拨力量；膝踝关节僵硬，影响控球效果；身体重心偏高或坐后，影响重心跟进；

④方法　针对这些错误，可以采取以下一些纠正方法：强调运球脚屈膝提起后自然下放推拨球，反复交替进行；要求膝、踝关节的适度紧张和自然放松有机结合；运球过程中要保持躯体稍前倾，重心略下沉的状态。

（2）脚背正面运球

①特点　脚背正面运球动作的特点是直线推拨、速度快，但路线单一，运球时前方需有较大的纵深距离，所以一般需要快速运球前进

情况下使用；

②动作　跑动时，身体自然放松，上体稍前倾，两臂自然摆动，步幅不宜过大。运球脚提起时，膝关节弯屈，脚跟提起，脚尖下指，在迈步前伸脚着地前，用脚背正面向前推拨球前进；

③错误　脚背正面运球时，运动员容易犯的错误有：运球脚推拨球部位及方法不当，难以控制运球的力量和方向；膝、踝关节僵硬，变推拨为捅击动作，控制不住球；支撑脚偏后，推拨球后重心滞后，导致人球分离；

④方法　针对这些错误，可以采取以下一些纠正方法：强调运球脚脚跟提起，脚尖下指，以脚背正面推拨球；运球腿膝、踝关节要张弛交替、放松协调，要以推拨方式控制运球的力量和方向；要求支撑脚尽可能地接近球，使球始终处于身体的有效控制范围。

（3）脚背内侧运球

①特点　脚背内侧运球的动作特点是控球稳，运球速度较慢，适用于掩护性运球或运球变向；

②动作　跑动时身体自然放松，上体稍前倾并稍向运球方向转动，两臂自然摆动，步幅要小些。运球脚提起时，膝关节弯屈，脚跟提起，脚尖稍外转，在迈步前伸脚着地前，用脚背内侧向前侧推拨球，球向前侧曲线或弧线运行；

③错误　脚背内侧运球容易出现的错误有身体重心过高或侧倾不够，影响运球变向；推拨球动作不稳定，影响控球效果；

④方法　针对这些错误的纠正方法如下：运球过程中，要保持重心稍下沉、躯体略侧倾的状态；推拨球动作的相对稳定，才能有效地控制推拨球力量与方向。

（4）脚内侧运球

①特点　脚内侧运球的动作特点是易控球，但速度慢，适用于掩护性运球；

②动作　运球时，支持脚稍向前跨，踏在球的前侧方，膝关节稍弯屈，上体前倾并向里转。随着身体的向前移动，运球脚提起，用脚内侧推球的后中部；

③错误　脚内侧运球容易出现的错误有：只顾低头看球，而不能

随时观察场上情况，以致不能及时传球或射门；运球时，不是推拨球，而是踢球，以致球离身体过远而失去控制；

④方法　针对这些错误的纠正方法有：练习时前面设定目标，学员要提醒自己注意观察目标的变化；练习原地脚内侧推拨球，体会脚内侧与球接触的感觉。

常用动作

运球在足球运动中运用非常普遍，为了完成运球动作，运动员可以采用很多种动作，具体包括拉球、拨球等。

（1）拉球

①特点　拉球是指用动脚掌触压球，并向某一方向扭动的动作方法。拉球到位后，通常要连接一个推拨动作，使球离开原地。拉球在足球竞赛中常用于过人变自动或传球射门前的准备动作，特点是初作幅度小，易于掌控；

②动作　面对来球方向，用前脚掌触压足球，脚掌压球不要太紧，以免拉动不灵活；转身将球拉至身体另一侧，换脚，同样动作方法反复练习；

③错误　脚掌部位不正确或压球太紧，拉动不灵活；髋关节带动转动不够，影响拉球变向；

④方法　纠正这些错误的方法是要求用前脚掌以触压而非踩压的方式拉动球；通过髋关节的转动可加大拉动距离和角度，同时保证身体的同步转动。

（2）拨球

①特点　在一定范围内自由运球，用一只脚做支撑，一只脚用脚背内侧或外侧拨球绕支撑脚做圆周运动，两脚轮流进行练习。拨球在竞赛中常用于传球或过人前的准备，特点是简单、易掌握，是初学者较为常用的一种技术；

②动作　左脚站立支撑，面向足球；用右脚脚背内侧触碰球的外侧，使球向一侧滚动；接着用脚背外侧触碰球内侧，使球门另一侧滚动，同样的动作进行反复练习；

③错误　进行拨球联系时，容易犯的错有：挑球的部位不正确，影响出球的角度和方向；挑球后重心跟进迟缓，影响控球和快速衔接

下一动作；

④方法　针对这些问题，纠正方法如下：要将脚尖插入球相应部位的底部作勾挑动作；身体重心要跟随挑球动作同步移动。

（3）扣球

①概念　指通过快速转体和脚踝的急转扣压，将球控制至反方向的一种动作方法；

②种类　用脚背内侧的扣球称"里扣"，用脚背外侧的扣球称"外扣"。

（4）挑球

指利用脚背或脚尖将球向上撩挑，使其从空中改变方向或超越防守的动作方法。

运球过人

运球过人在足球运动中非常普遍，也是每一个合格运动员的必修课。这个动作的完成分为3个阶段，在过人方式上也有很多种方法。

（1）动作

运球过人是在运控球的基础上，根据临场需要，准确判断和把握对手的防守站位和重心变化情况，利用速度、方向或动作变化，获得时间和空间位置优势，从而突破防守的一种技术手段。运球过人从动作过程可大体分为3个阶段：

①逼近调动　当运球逼近对手时，重心应下降，步幅要收小，触球要轻，在控制与保护好球的同时，利用各种假动作诱使对手上当，使对手在忙乱中出现防守错误或漏洞；

②运球超越　在相持情况下，运球队员应通过有效的假动作诱惑对手，以期创造出有利于突破的时间差和位置差，并不失时机地迅速突破。动作应突然，具有爆发性；

③跟进保护　在进行突破动作的同时，身体重心应积极向球侧倾移，以保证超越后身体重心能随球跟进，有利于加速拉大与对手的距离。这一阶段，为了防止对手的逼抢，要注意利用身体护球，以巩固和发展自己的攻势。

（2）方式

足球竞赛中常见的运球过人方法有：强行突破，运球假动作突破，快速拉、扣、拨球突破，穿裆突破和人球分离突破等。

①强行突破　强行突破的动作要领：强行动球突破是队员以突然的推拨球与快速起跑相结合的动作，越过对手的突破方法。这种突破方法只要时机掌握恰当就容易奏效；

②运球假动作突破　运球假动作突破的动作要领：运球假动作突破是运球队员利用腿部、上体和头部虚晃，伴作运球动作迷惑对手，使其产生错误判断而做出抢球动作，当其一侧露出空隙时，立即运球突破；

③快速拉、扣、拨突破　快速拉、扣、拨突破的动作要领：以单、双脚快速拉、扣、拨的变化，不断变换运球方向，使对手很难判断运球突破的方向和时机。当对手在堵截中露出空隙时，快速运球突破；

④变速运球突破　突破的动作要领：对手位于侧面，在侧身掩护运球的同时，利用运球速度的变化，达到摆脱对手的目的；

⑤人球分离突破　人球分离突破的动作要领：人球分离突破是运球者和球分别从防守者的左右侧越过对手的一种方法。它多是在攻守队员都处于活动中，而防守队员尚未取得正确防守位置时运用。

（3）事项

在竞赛中，运球过人的方法很多，而只有熟练地掌握各种运球方法和动作，并注意下列诸因素，才能在竞赛中较有把握地完成过人。

①注意观察对手所处的位置决定自己所采取助过人方法；

②掌握好过人的时机。过人的时机要根据临场防守者的情况而定，当运球速度快时，则应离对手距离较近时再做过人动作，否则对手会有时间转身起动将球追上；

③掌握好过人时的距离。除利用速度强行过人外，其他的方法都应在距离对手3大步的地方，这样对手虽勉强可以触到球，但不会先于运球者。另外，这样的距离也便于运球者在做出动作使防守者重心失衡时越过对手。

保护球

（1）概念

所谓的保护球，又称"护球"。保护球是为了防止对手抢到球而保持控制球的一种方法，是将自己的身体作为屏障，置于球与对手的中间，以达到保护球的目的。

（2）要求

无论何时对手来抢球，都要养成保护球的习惯，特别是前锋队员，因为他们经常会处于对方多名防守队员的包夹之下。能够很好的保护住球，不仅有利于自己的突破也可以为自己的队员做球，创造进攻机会。

（3）问题

要想掌握如何保护球，就要理解自己在运球中常常会出现哪些问题，只有了解了这些问题，才能正确地做到保护球。一般来说，运动员运球时出现的问题有以下几种：

①盯着球　眼睛只盯着球，不能随时观察场上情况造成视野狭窄。要学会用眼睛的余光去观察或用脚去"感觉"球，这样就把眼睛"解放"出来；

②不恰当　身体僵硬影响动作的协调自如，造成不恰当的触球，结果往往是触球时力量过大。其原因多为运球技术生疏、思想紧张，以致动作失误；

③不合理　运球技术运用不合理，造成运球失误。如高速运球时使用脚内侧运球，向右转弯时使用脚背正面或右脚脚背内侧，左脚背外侧等，初学者易产生这些错误；

④步幅大　运球时步幅过大，重心偏高，不能随心所欲地触球、控球；

⑤不准确　由于触球部位不准确，运球时球不能按运球者意图运行；

⑥控制球　球离运球者过远，不能随心所欲的接触或控制球。

（4）事项

保护球非常重要，要成功完成对球的保护，运动员要注重以下几个方面：

①跑动　在运球跑动时，要保持抬头观察两边逼过来的对方防守队员。当对方防守队员凶猛的逼抢过来的时候，果断地作出保护球的动作；

②接触　要将自己的身体置于球与对手的中间，利用身体作为屏

障，使对手无法接触到球；

③控制　要注意在做保护球动作的时候，一定要将自己的身体和手臂充分打开，扩大自己身体的控制面积，身体的控制面积越大，对手接触球的难度也就越大。从某种意义上说，这和篮球运动中保护球的道理是相通的。

13. 足球运动的头顶球技术

头顶球是用头的前额骨部分，以身体带动头部摆动击球动作完成的。头顶球的击球位置高，是主动争取时间和空间的重要技术手段。尤其是在罚球区附近，头球的争夺对攻防双方都有举足轻重的意义，是一种快速简练，适用于进攻和防守的技术手段。

动作

头顶球技术的种类主要以顶球时运用头的部位来区分。正确的部位是前额骨的正面和侧面。在每一种技术中，由于顶球前的准备动作不同，又可分为原地和跳起，跳起时又可分为单脚起跳和双脚起跳。由于球方向的不同，又可分为向前、向后和向两侧顶球。

（1）前额正面顶球

前额正面坚硬平坦，触球面积大，它处于头的正前方和两眼上方，便于在顶球时观察来球周围情况，使击球准确有力。

①动作　顶球时先选好站位，使身体正对来球方向，两脚前后开立，膝关节微屈，重心在后，两眼注视来球，判断好来球的速度，做好准备工作，两腿前后开立腰部前挺，胸部上提、下颌平收、两臂自然张开、上体后倾、身体重心放在右脚上，顶球时后脚迅速蹬地，上体由后向前摆动，在即将触击球的刹那，两腿迅速用力蹬伸，以腰腹和颈部的快速摆动主动迎击来球。击球时，颈部肌肉保持紧张，两眼注视出球方向；

②种类　具体来说，转身顶球时，身体稍侧对来球，出球方向一侧支撑脚靠前站立，以便转体发力。击球刹那，后脚用力向出球方向蹬转带动身体转动，当身体转向出球方向时加速摆体，用前额部顶

击球。

跳起顶球　要选好起跳位置，掌握好起跳时机。起跳脚积极蹬跳发力，手臂协调向上提摆，以加强起跳力量。起跳后，收腹挺胸，形成背弓，两眼始终注视来球。跳至最高点时，快速收腹摆体，下颌收紧，前额积极迎球顶送发力，顶球后屈膝缓冲落地；

鱼跃顶球　要准确判断来球，掌握好起跳时机和击球点，利用积极后蹬使身体向前水平跃出，两臂微屈前伸，眼睛注视来球，利用身体的水平冲力将球顶出。击球后，两臂屈肘伸手撑地，随后胸部、腹部、大腿、小腿依次缓冲着地。

（2）前额侧面顶球

①动作　前额侧面顶球的部位是前额的两侧。这个部位虽也坚硬，但不平坦，面积也小，又在两眼的侧前方，顶球时摆体用力方向又与来球方向不是迎面相遇，出球力量较小。故在击球时，出球方向与发力都难以用额骨正面顶球。其优点是动作突然，能变换出球方向，特别是前锋队员在门前的边锋传中球射门时威力更大；

②种类　具体来说，原地顶球时，身体稍侧对来球，两脚前后开立，出球侧支撑腿在前，身体侧后微屈，重心落在后腿上，两臂自然张开，眼睛注视来球。顶球时，后脚向出球方向猛力蹬伸，身体随之向出球方向转动侧摆，同时颈部侧甩发力，用前额侧部将球击出。

跳起顶球　动作类似前额正面的跳顶，只是在起跳上升阶段，上体应向出球的相反方向回旋转体。当重心升至最高点时，上体向出球侧加速转动，摆体侧甩，可利用脚的侧下蹬加快侧摆速度，用额侧部将球顶出。

事项

头顶球是有一定的技术难度的，为准确完成击球动作，运动员需要把握好以下几个方面：

（1）判断与选位

判断与选位是正确完成头顶球动作的前提。它直接影响到顶球时间、方向、力量和准确性。判断是选位行动的依据。二者息息相关，因此选位前必须对球的性质、运动路线、弧度进行敏锐的观察，做出准确的判断。选位时两眼一定注视来球，要在判断的过程中考虑位置的选择。选位既要考虑动作完整，又要重视完成的效果，否则将失去选位作用。

选择的位置一般在以球飞行自然弧线与两眼正视来球的视线直接相遇为宜，有的由于来球高度和弧线大小不同，在选位时适当调整身体姿势，如腾空跳或屈膝下蹲。

（2）蹬地与摆动

蹬地在顶球时有两个作用：

①腾起　通过单脚或双脚起跳动作，利用有力蹬地产生的反作用力，以助于身体向上腾起；

②摆动　通过单脚或双脚有力后蹬，加速身体的向前摆动，从而增大头部击球力量。

摆动是头部击球力量的主要来源，是上体借助两腿迅速有力蹬地的反作用而向前摆动，带动头部快速迎击来球。这种方法能够充分发挥腹背肌肉的屈伸作用，使头部击球前预先获得一定摆动速度，增大头部击球力量。

大摆福的动作方法是通过身体的反向背弓或侧屈，使另一侧的肌肉充分伸展拉长，以加强腹背肌肉的屈伸作用、为加快摆速创造条件。大摆幅的顶球力量大、出球有力、速度快，适用于远距离的传球、破坏球和大力射门。小摆幅是利用腹部肌肉的弓身拉长与收缩，靠颈部猛然的加力顶击球，其动作准备期短，动作突然，出球线路灵活多变，但力量较小，适用于短传和近射。

（3）时间与部位

头部击球时间直接影响到摆体击球作用的发挥。一般情况下，当身体前摆即将恢复到直立状态时击球较为合适。因此该身体重心稳、摆体击球速度较快，头顶球部位与击球部位与踢球基本相似。

（4）身体的控制

顶球后身体姿势的控制直接影响下一步的行动。因此在冲顶、跳顶、争顶或鱼跃顶球后，既要注意落地缓冲和保护动作，又应注意控制身体姿势，调整身体重心，加快动作转换。

14. 足球运动的抢断球技术

　　抢断球是指运动员在规则允许的范围内，用积极的方法夺取攻方队员控制下的球。抢断球是运动员获得球的主要手段之一，是球队转守为攻的主要途径，是运动员个人防守能力的综合体现。

种类

抢断球都是夺去对方球的方法，但抢断球还是有一些不同的方式。

（1）断球

断球是指球由对方传出，在空间运行或在地面滚动时，把球抢断过来。因此在断球之前，要判断好对方的传球方向、落点和球速。断球时，要根据不同方向、高度和速度，使用头、胸、腹和脚等部位把球断过来。

（2）破坏

竞赛时，防守队不可能把每个球都抢截过来。为了不让对方掌握住球，在不得已情况下可把球踢出，破坏对方有组织的进攻。

（3）抢球

抢球是指球在对方控制范围内或双方都有同等的抢球机会时进行的。

（4）堵球

堵球是在没有把握抢夺球的情况下运用。在以少防多的局面下，进行堵截可以减慢对方进攻的速度，使本方队员有充裕的时间进行回防。

（5）抢截

抢截技术是一种积极有效的防守手段。抢截是防守技术的综合体现，是用争夺、堵截、破坏等方式延缓或阻拦对方的进攻。一旦把球争夺过来，就意味着组织进攻的开始。掌握和不断提高抢截技术有助于快速反击。

动作

抢断球包含抢球、断球多种方式。但不管采取哪种方式，从动作过程分析，这些动作都是由以下3个环节构成的：

（1）判断选位

进行有效抢断的前提是准确判断选位，守方应根据攻方的动作意图、动作时机、动作变化、控球距离等情况进行分析判断，并据此选择和调整自己的站位。一般情况下，应选在本方球门中线与对手的连线上，并偏向有球一侧。

（2）上步抢断

上步抢断包含抢断时机和抢断动作的成分。抢断球时机多是在对手触球的一瞬间，接传球人暂时还未能完全控制住球，这时可抢先伸脚将球断掉。抢断球的技术动作很多，要根据实际情况合理利用，但是无论运用哪种技术，抢球时都应突然、迅猛、准确、出其不意。

具体来说，断球的时机，一般是当球运行距离较长，对手注意力在球上并消极等球，而自己的位置又能抢先触球时，要果断出击以抢得先机。

抢球的时机，多是在对手触球刹那，球暂时失控或远离控制时，快速伸脚将球抢过来。

（3）衔接动作

抢断球是为了破坏对手的进攻，实现本方的攻防转换，所以抢断球后就涉及到自身控制球的问题，如果抢断后不能及时控制住球，球很容易再次被对手抢断过去，所以抢断球时一定要考虑接下来的动作，一旦抢断成功，重心能向球的方向快速移动，保证抢断球和控球动作的连贯性。

事项

抢断球的目的是为了夺取处于对方控制下的球。对方为了保证自己的球不被抢断，自然会采取一些防范措施。因此，为了更好地抢断球，运动员在抢断球时应该注意以下情况：

（1）抢断

在抢断球训练中以抢断球成功为主，不仅仅是破坏球。

（2）控球

抢球的成功取决于对对手控球的意图的把握，涉及自己的站位及合理的抢断球技术运用。

（3）转移

身体重心要及时转移，如果不能及时移向抢球脚上或抢球脚的踝关节不够紧张，抢球无力而徒劳。

（4）犯规

抢球脚不要抬得过高，否则容意造成犯规。

（5）黑脚

多数犯规发生在抢断球时，所以在抢断球时在做到拼抢积极迅猛外，还要把握规则的尺度，切不可因为抢断而频繁的造成犯规，那样就会得不偿失的。特别是背面铲球，规则是不允许的，因为容易伤人。另外从体育道德的层面讲，也不应该下"黑脚"。

（6）意图

在远处冲上去抢球时，在跑到靠近对方时，一定要放慢脚步，判断对手意图，否则对方会利用你速度快不能尽快改变前进方向而将你过掉。

（7）反抢

动作要衔接上，抢断球后，及时控制住或者传给队友，以免被反抢回去。

（8）站立

防守队员的站立原则始终是在对方与内侧球门的中点连线上，并且偏向有球一方。

（9）衔接

动作不连贯，容易摔伤自己和影响迅速衔接下一个动作。

15．足球运动的掷界外球技术

掷界外球，是继续足球竞赛开始的一种方式。在竞赛中，有时需要在边线掷界外球，有时需要在端线掷界外球，有时需要在前场掷界外球，有时需要在后场掷界外球，有时必须要求掷界外球。在一场竞赛中，掷界外球非常频繁，所以每个运动员都要了解如何掷界外球。

动作

掷界外球可以是站在原地投掷，也可以进行助跑投掷，因此，掷界外球也就有了两种投掷方法。

（1）原地掷界外球

掷界外球技术的一种。站在原地向场内掷界外球。动作要领是面向球场，两脚立于边线外或踏在边线上，双手持球置于头的后方，上体尽量后仰，膝微屈，重心落在两脚，利用两腿蹬地、收腹、挥臂、屈腕的连贯动作，将球经头顶向场内掷出。掷球时须注意掷球动作完整，不可间断为两个动作，两手力量平均，应有将球掷出的动作，双脚可以滑动，但任何一脚不得全部离地，也不得全脚踏入场内。

（2）助跑掷界外球

掷界外球技术的一种。助跑后将界外球掷出。目的是把助跑取得的速度运用到掷球上去，使球掷得更远。常用于在靠近对方端线处掷界外球，以求直接威胁对方大门。

要领

足球竞赛中，掷界外球经常发生，常常一个好的界外球能够给射门提供一个非常好的机会，所以每一个足球运动员都应该了解掷界外球的动作要领。

（1）平摆

掷界外球的动作是一个下端固定的爆发式的平摆运动，需要稳固的支撑。

（2）掷出

根据身高和臂长掌握合理的掷出角，不超过45度，它是影响远度的重要因素，一般球出手早掷出角大，反之则小。

（3）用力

球出手速度快则掷得远，这需要力量基础和协调用力能力。

（4）速度

充分利用助跑的初速度有助于将球掷远。

错误

掷界外球非常频繁，也相对简单，但也有一些运动员常常在掷界外球时会犯一些错误。针对这些错误，运动员可以按照以下方式来处理：

（1）近距离

①不连续　近距离掷球时，易出现动作不连续而造成违例；

②方法　放慢动作速度，重点体会掷球的用力顺序，并且适当减小蹬地力量。

（2）远距离

①不均匀　远距离掷球时，易出现两臂不均匀而形成单臂掷球的错误动作；

②方法　发展上肢力量、腰腹力量、腿部力量和身体的协调性，在练习中逐渐协调掷球动作。

（3）弧度大

①弧度大　竞赛中，运动员掷出的球弧度过大常常会影响球的远度；

②方法　通过讲解使学生在理论上清楚球出手的角度与球运行距离的关系。在练习中调整好球出手的角度和球出手的时机。

（4）球无力

纠正方法：熟练动作，使掷球动作更连惯更协调。同时增大蹬地力量、加快摆体、收腹的速度、缩短球出手的时间。

16. 足球运动的射门技术

射门是指用踢球、头顶球、铲球等技术将球射向对方球门。射门是进攻的最终目的，也是竞赛胜负的关键。

动作

击球动作是指踢球脚运用部位在击球的一刹那的动作表现而言。击球动作随着足球技术的不断发展，从实践中概括有以下几种：

（1）摆击

摆击动作的突出表现是在摆腿击球过程中有明显的随摆动作，踢球腿的摆动幅度大，距离长。这种击球动作出球力量大、平稳，多适于中远距离的传球和射门。

（2）弹击

弹击动作的突出表现是摆腿击球时，以膝关节作轴，充分利用小腿的快速前摆击球，击球后随摆动作自然。这种击球动作摆动幅度较小，起脚快，动作小而突然。适于踢地滚球和反射弹球的中、近距离射门。

（3）推击

推击动作的突出表现是踢球腿没有明显的后摆，前摆击球动作类似弹击。当脚触球后，运用支撑腿的后蹬所产生身体重心向前平移的速度平稳推球。推击多是在支持脚离球较远，为能控制球高度，保证出球方向的准确，一般在冲刺切入射门时，由于步法不易调整，为做到不失时机地快速完成射门动作而采用。

（4）抽击

抽击动作的突出表现是在摆腿击球的刹那具有明显的提拉动作。提拉的时间是在运用脚踢球部位即将触脚的刹那，大腿积极上提，小腿前摆突停顺势上拉。抽击的击球点一般选在球的后中部稍偏下部，有助于提拉动作的完成，抽击动作完成的关键在于提拉时间。这种击球动作出球急并带有强烈上旋、前冲力大，故适于向空挡传球、落地反弹球和空中球射门。

（5）敲击

敲击动作的突出表现是后摆小、前摆快、击球动作急而快速，击球后具有较明显的突停和自然后撤动作。这种击球动作出球平直而急，多用于直接传球和近距离射门。

种类

射门的方式有好几种，例如里脚背射门、外脚背射门、脚弓射门等。这些射门方式还有各自的特点。

（1）里脚背射门

①动作　里脚背射门力量大，多用于转身射门。当球在身体侧前方或离身体稍远时，都可用里脚背射门。它可以突然改变射门角度，如斜线插入时，守门员必然会移动位置，以封住近角，此时进行半转身射门，易使球射入远角；

②要点　里脚背射门的要点是斜线跑向皮球，立足脚站在皮球侧

近，提腿锁紧脚眼，利用脚内侧抽击皮球偏外三分之一处，击球过程顺势扭动身体，射球自然弯出。

（2）外脚背射门

①动作　外脚背射门威胁力大，突然性强，具有隐蔽性，能射各种方向的来球。如射正面、小角度、横侧、前后斜侧、凌空球等，并能射出直线球和弧线球；

②要点　外脚背射门的要点是斜线碎步跑向皮球，当立足脚站在皮球侧近的时候，提腿扭摆身体锁紧脚眼，利用脚外侧抽击皮球偏外三分一处，射球后顺势收膝完成射门动作。

（3）脚弓射门

脚弓射门准确性高，但力量小，宜做各种近距离射门和罚球、点球等。

（4）正脚背射门

①动作　正脚背射门的动作力量较大、准确性很高、运用最广，是射门脚法的基础脚法。如射正面、斜侧、转身等低平球；又如横扫、摆、弹、抽、倒勾等射凌空球；

②要点　正脚背射门的要点是起跑点、皮球和目标应成一直线，自然向后提起小腿，眼望皮球顶部，锁紧脚眼挥动小腿抽向皮球中央点，击球后身体顺势完成整个射门动作。

（5）脚尖射门

脚尖射门快速、突然，在门前争夺激烈时，没有起脚摆腿的时间，用脚尖"捅球"射门能出奇制胜，但有时准确性差。

17. 足球运动的守门技术

守门员的主要任务是不让对方将球射入本方球门，所以他是全队的最后一道防线，因此守门员的守门技术对于足球运动来说，也是非常重要的。守门员技术有位置选择、准备姿势、移动、接球、扑球、拳击球、托球、掷球和踢球。

位置

对方射门时，守门员一般应站在射门点与两门柱形成角的平分线上，当对方运球逼近或近射时，守门员应及时出击前迎，以便缩小射门角度或扑脚下球。当对方远射时，可适当靠前站，但要防备对方吊射。当球推进到中前场时，守门员可前移到点球点附近。在保证及时回位的情况下尽量扩大活动范围。

姿势

守门员的准备姿势是两脚左右开立，约同肩宽，两腿自然弯曲并稍内扣，脚跟稍提起，身体重心落在前脚掌上，上体稍前倾。两臂于体前自然弯曲，两手五指自然张开，掌心相对，两眼注视来球。

移动

为了更好的截获和接住对方传球和射门，守门员必须根据球和人的位置变化而随时调整自己的位置。向左右移动式，一般采用侧滑步或交叉步两种步伐。

（1）侧滑步

一般是在接两侧射低平球时，可采用侧滑步移动，使身体正对来球，向左（右）侧滑步时，先用右（左）脚用力蹬地，左（右）脚稍离地面并向左（右）滑步，右（左）脚快速跟上，两眼注视来球。

（2）交叉步

一般是在接两侧高球或扑接球时，为了更便于蹬地跃起，多采用交叉步。

接球

接球是守门员最主要的技术，包括接地滚球、接平直球、接高空球等内容。

（1）接地滚球

守门员在接地滚球时，有直腿式和单腿跪撑式两种方法。

①直腿式　直腿式接球时，两腿直膝自然并立，上体前屈，两臂自然下垂并肘，两手小指靠近，掌心向前。在手指触球的刹那，随球后引并屈肘，屈腕，将球抱于胸前；

②单腿跪撑　单腿跪撑接球时，身体正对来球，两脚左右开立，一腿屈膝，另一腿内转跪撑，膝关节接近地面并靠近屈膝的脚跟，两

手随球后撤并屈肘，屈腕将球抱于胸前。

（2）平接直球

守门员的平接直球又分为低于胸部和齐胸高的两种。

①低于胸部　守门员在接低于胸部的平直球时，首先移动使身体正对来球，两脚左右开立，上体稍前倾，两臂并肘前伸，两手小指相靠，手掌对球。当手触球的一刹那，两臂随球后撤并屈肘，顺势将球抱于胸前；

②齐于胸高　守门员在接齐胸高的平直球时，先移动使身体正对来球，两脚左右开立，两臂屈肘手指向上，手指微屈，手掌对球，两拇指相靠。当手触球的刹那，手指、手腕适当用力，随球顺势屈臂后撤，转腕将球抱于胸前。

（3）接高球

守门员在接高球时，应当先判断球的运行轨迹，确定接球点，迅速移动并起跳，两臂上伸迎球，手掌对球，手指自然分开，两手拇指相对成"八"字型。当手触球的刹那，手指、手腕适当用力将球接住，并顺势屈肘，转腕将球抱于胸前。

扑球

守门员来不及用其他接球动作时，常采用扑球动作把球接住，扑球是守门员技术中难度较大的技术动作。

（1）原则

扑球不是守门员的首选，而多是无奈的选择，因为这些射门的球常常在力量、角度等方面都不利于防守。为了扑到这些球，守门员要注意一下几个原则

①接球　所谓的"八"字手就是两只手放在同一高度上，两只手尖向内扣，手腕向外掰，两只手呈一个"八"字的形状，这样的手势可以防止在扑球的时候脱手。

②摘球　对手的射门的力量一般的情况下都是很大的，如果门将扑球的时候，身边没有对方的补射队员，这个时候守门员将可以在手刚接触足球的瞬间，向下用力，改变足球的运行方向，使球向正下方运行，等足球从地上弹起的时候再把足球抱住。

③击球　摘球是门将的身边没有对方的进攻队员，门将处理球的

方法。如果门将的身边有对方的进攻队员时，门将最好用双拳或者是单拳击足球的下方或者是侧下方，使足球可以飞出相对危险的区域或者是直接击出底线，这样才是比较安全的做法。

（2）分类

对方射门的方式不同，因此，守门员扑球的方式也有多种，每一种扑球都有各自的动作要领。

①扑两侧的低球　如扑侧低球时，右脚迅速蹬地，左腿屈膝向左跨出一步，身体左倒，左脚着地后，随着用小腿、大腿、臀部、上体和手臂的外侧依次触地，同时两臂向球伸出，左手掌心正对来球，右手在左手前上方，两拇指靠近，两手腕稍向内屈，触球后把球收回胸前，然后立即站起。

②扑侧面地滚球　扑球时，屈膝降低重心，在身体向扑球方向侧倒的同时，同侧脚用力蹬地跃出，空中展体，两臂向球伸出，两拇指相对，手掌对球。手触球时，手指和手腕用力，以屈肘，扣腕的连续动作将球抱于胸前，同时屈膝团身。落地时以两手按球，前臂、肘、肩部、上体侧面、臀部、大腿、小腿依次着地。

③扑侧面平高球　扑这种球时，身体重心先移向靠近来球一侧的脚上，同时该脚用力蹬地向侧面跃起，身体展开，两臂自然伸出，两手拇指靠近，手心自然张开，手掌对球，当手触球时，以扣腕动作将球接住，落地时，以两手按球，前臂、肩部、上体侧面和下肢依次着地，同时屈肘、翻掌将球抱于胸前，并屈膝团身。

拳击球

当门前出现高空球，并有对方队员争顶时，守门员为了避免接球脱手，可采用拳击球，一般可分为单拳击球和双拳击球两种方法。

（1）单拳

①动作　单拳击球动作灵活，活动范围较大，击球点高，击球力量大，多用于击两侧的传中球和高空球。

②判断　单拳击球时，先判断球的运行路线并确定击球点，助跑单脚起跳，屈肘握拳于肩前，击球前的刹那，快速出拳，以拳面击球。

（2）双拳

①动作　双拳击球动作，接触球的面积大，准确性高，多用于击

正面高球或平高球。

②判断　双拳击球时，判断来球并起跳，两臂屈肘握拳于胸前，两拳靠拢，拳心相对。在起跳近最高触球点的一刹那，两拳同时快速出击，以双拳拳面将球击出。该动作接触球面积较大，准确性高，击球有力，多用于正面球或高空球。

托球

（1）动作

托球主要在来球弧度较大，其落点又在球门横梁附近，守门员起跳接球把握性不大时运用。

（2）要领

托球的动作要领是起跳展体成弓背，单臂快速伸出，掌心向球，用手掌前部和手指用力向后上方或侧面托球，使球越过横梁或门柱。

抛踢球

（1）概念

抛踢球是守门员把获得的球直接给远离自己同队队员的技术动作。

（2）方法

抛踢球有踢自抛的下落空中球和踢自抛的反弹球两种方法，踢自抛的下落空中球和踢自抛的反弹球的动作与脚背正面踢球基本相同。但守门员向前上方踢，要求踢得远，以让远处的自己队员接到球。

掷球

守门员控制到球后，为了争夺时间组织反击，常用手把球掷给同队队员。掷球动作快，便于改变方向，能较准确的控制球的落点。一般说来，守门员的掷球有单手肩上掷球、单手低手掷球和勾手掷球等几种。

（1）单手肩上掷球

①动作　守门员在需要做较远距离的掷球时，一般采用单手肩上掷球的方法；

②方法　单手肩上掷球的动作方法：两脚前后屈膝开立，单手持球与肩上，身体侧转。利用后脚蹬地、转体、挥臂、甩腕的力量将球掷出。

（2）单手低手掷球

①动作　单手低手掷球，由于掷出的球是沿着地面滚动，所以平稳而易接，但掷出的球力量较小适用于掷给近距离的同伴；

②方法　单手低手掷球的动作方法：两脚前后屈膝开立，单手持球于体侧。掷球时，持球手臂后摆，身体随之侧转成侧前屈，重心移到后脚上，利用后脚蹬地和挥臂、甩腕、手指拨球的力量向前掷出地滚球。

（3）勾手掷球

①动作　勾手掷球能托球掷得最远，一般在需要掷给远离自己的同队队员时，可采用这种持球方法；

②方法　勾手的动作方法：掷球两脚前后开立，身体侧对出球方向，单手持球后引，同时重心随之移至前脚。当持球手臂由后经体侧沿弧线摆至肩上时，手腕和手指用力将球掷出，掷球手臂继续前摆，上体前倾，后脚向前迈出，以保持身体平衡。

18.　足球的竞赛阵形

为了适应攻守战术的需要，全队队员在场上的位置排列和职责分工，称为竞赛阵形。各阵形的名称是按队员排列的形状而定。自 19 世纪中期世界上有了第一个足球竞赛阵形至今日的"433"、"352"、"424"等，以及某些国家所采用的"水泥式"、"锁链式"等，都是沿着这一个客观规律演变和发展的。

阵形的组成

每队上场人数为 11 人，除去守门员，剩下的 10 人为场上跑动竞赛的主要人物。根据不同的职责，一支足球队的上场队员一般有如下位置：前锋、中场、后卫，守门员。

主要阵形

足球规则自从确定上场人数为 11 人时，如何在场上合理安排这11 人就成为了足球理论发展的头号课题，一直延续至今，阵形仍在发展、变化和重组，并且没有形成一致认可的观点。五花八门，这应该也属于足球独特魅力的一部分。

（1）1-1-9 和 1-2-2-6 阵形

①概念　这两种阵形产生于 19 世纪六七十年代，是足球竞赛的起源阵形；

②特点　它的基本战术思想是片面追求进攻，"一窝蜂"踢球和带球是竞赛场景的特征。因此，就当时阵形的作用而言，没有明显组织队员的意义。

（2）1-2-3-5 阵形

①概念　随着足球演变中传球的发展，场上队员的组织性日趋显得重要。因此，就产生出 1-2-3-5 阵形；

②特点　该阵式中中前卫的主要职能是进攻，两个边前卫参与防守，主要防范于对方的两边锋。这一阵形基本思想进攻仍占主导位置，它由局部传球配合形式开始，逐步形成和发展成该阵形。

（3）1-3-2-2-3 阵形

①概念　又叫"W-M 阵形"，它是在 1925 年越位规则改变后，由英国兵工厂队的主教练查普曼所创造的；

②特点　该阵式防守的主要特点是区域与盯人不断转换，距球门近时人盯人防守，离球门远时则松动盯人。当发动进攻时，留下中前卫和两边卫防守。其进攻特点是两内锋稍后撤，作为进攻的重点组织者，中锋和两边锋担负攻门得分的主要任务。

（4）1-4-2-4 阵形

①概念　1-4-2-4 阵形是一种攻守队员排列极为平衡的阵形；

②特点　在此阵形运用中，两前卫是承上启下的中坚力量。当进攻时，他们积极组织策应，当防守时，则迅速回拦堵截。由于活动频繁，该阵形对两前卫的体力及技术的全面性有着特殊的要求。该阵形的弱点是中场力量相对薄弱。特别是当两前卫队员在体力及全面技术上不足时，就更是如此。这一阵形也要求锋线及卫线在攻守的不同阶段，积极策应中场的攻守。它与 1-4-2-4 阵形的区别在于，撤回一个前锋至中场，加强中场人数的力量。

（5）1-4-4-2 阵形

①概念　1-4-4-2 阵形是在 1966 年世界杯赛中得到确认的。当时英国队教练拉姆塞因缺乏世界级的优秀边锋，便拉回一个边锋队

员组成 1-4-4-2 阵形；

②特点　该阵形进攻特点是中场和后卫队员频繁套边活动，以构成对方门前险情。另一常见进攻打法，是两内修拉达制造宽度，中场两内前卫过入禁区得分。第三个常见进攻方式是利用两前锋速度快技术好的特点，在抢断球后迅速长传发动快速反击。在防守上，该阵形主要强调队员回位和密集防守下的组织与协调配合。

（6）4-3-3 阵形

①概念　4-3-3 阵形是由 4-2-4 阵形发展出来的。由巴西国家队于 1962 年世界杯采用。与 4-2-4 阵形相比，4-3-3 阵形多了 1 名中场球员用于增强防守。中场可以在不同战术中发挥作用。3 名中场一般紧贴来加强防守。一个 4-3-3 阵形中包括 1 名防守中场以及 2 名攻击中场；

②特点　4-3-3 阵形的特点：四后卫打法中攻击力最强的一种。4-3-3 是重攻重防的攻击阵形，全力在后场以及前场进行争夺战，喜欢攻击的教练一般都喜欢用这种阵形。

（7）"混凝土"阵形

①概念　"混凝土"阵形是由意大利队在 1949 年飞机遇难，失去 17 名优秀队员后所创造的，20 世纪 50 年代中期在世界范围逐渐得到普及；

②特点　这种阵形是一种完全侧重防守的位置排列，清道夫担负防守组织、指挥的核心作用，他置于除守门员外所有防守者之后，如果任一区域被对手突破，清道夫将补上迎战；如果有进攻者无人盯防，清道夫也将上前堵截，当清道夫离位参战时，必须有其他防守队员补上清道夫的位置。

19. 足球的进攻战术

进攻战术是指竞赛中一方获得球后，通过队员之间的传递配合达到射门的目的所采用的配合方法。

进攻原则

球队在进攻时，为了形成整体的战斗力，所有的队员必须遵循共同的进攻原则，做到统一认识，共同行动。进攻的基本原则主要有下面几个方面：

（1）横向宽度

①概念　拉开宽度是进攻的首要原则。是指进攻者尽可能利用场地宽度，使防守者被迫扩大横向防守面积，从而创造便于利用的进攻空间。

②特点　该原则主要应用于降低进攻推进速度，稳步组织进攻的战术形势下。当处于这一阵势，任何场区都可以应用这一原则。

（2）纵向距离

除了横向拉开外，进攻时，队员还需要在纵向拉开距离。这样可以加大对方前后防线之间的距离，在纵向制造出可以利用的空挡，同时也意味着当前方进攻受阻时可以将球向后传出去。

（3）渗透原则

①概念　采用横传拉开防守后，通过正脚背或其他脚法以尽可能快的方式传球渗透并向前推进。其目的是为了直接创造射门机会或为射门创造有利的条件。

②特点　该原则不仅要求队员具备准确快速，能使用各种脚法回传球渗透的能力，而且要求队员具有良好的移动速度。当慢速进攻时，突然性的速度将是渗透对方防守的重要条件。渗透对方越早越快，成功的机率越高。因此，在中场稳妥地组织进攻时，每位队员应努力准备伺机迅速采用渗透性传球，以创造射门机会。

（4）同伴配合

①概念　持球队员的前面往往需要一名至两名队友插上去吸引附近的防守队员，或者为控球队员提供传球的线路，远处的无球队员通过有宽度和深度的跑动来增加进攻点。

②特点　控球队员可以通过吸引一名或多名队员为无球的队友创造空挡，控球队员的身后要有队友提供策应，插上进攻的队员留下的空挡应当有队友随时提供保护。

（5）创造空挡

①概念　无球队员特别是处在球前面纵深位置的进攻队员需要不停地移动来扰乱对方的防线，为自己或队友创造空挡。

②特点　无球队员跑动的时机、路线和方式要机智多变，使对方难以盯防。

（6）多变原则

进攻没有固定的战术，在组织进攻时，队员既要执行赛前制定的既定战术打法，又要根据场上不断变化的形势而随机应变，在传球和跑动方式、节奏变换等方面发挥想象力和创造力，因势利导地完成进攻任务。

进攻战术

局部战术是指两个或两个以上队员在竞赛中为了完成全队攻防任务而采用的局部协同作战的配合方法，它包括传切配合、交叉掩护配合和二过一配合等。

（1）传切配合

传切配合是指控球队员将球传给切入的进攻队员的配合方法，是局部进攻战术中运用最多的方法。传切配合的形式有局部传切和转移长传切入。

①局部传切配合　按传切的线路可分为直传斜切、斜传直切和斜传斜切。边路进攻多采用直传斜切和斜传直切配合方法，中路进攻多采用斜传直切和斜传斜切的配合方法。

②转移长传切入　一侧进攻受阻，长传转移到另一侧，切入队员得球后展开进攻。

（2）交叉掩护配合

①概念　交叉掩护配合是指在局部地区两名进攻队员在运球交叉换位时，以自己身体掩护同伴越过防守队员的配合方法。

②要素　运球队员必须用自己的身体护住球并挡住两名防守队员，将球交递给同伴后，要继续向前跑动；接球队员必须主动迎面跑向运球同伴，交叉距离贴近，接球后快速向前运球。

（3）二过一配合

顾名思义，"二过一"是两个进攻队员，通过传球配合突破一个防守队员。"二过一"是集体配合的基础，可以在任何场区、任何位置上运用这种方法来摆脱对方的抢截或突破防线。二过一配合的形式根据传球和跑位的路线有：直插斜传二过一，斜插直传二过一，斜插斜传二过一，回传反切直传二过一。

①直插斜传二过一　当防守队员身后有一定的空挡，防守队员距插入队员较近时采用此种二过一配合效果较好。斜传多采用踢墙式；

②斜插直传二过一　当防守队员身后有较大的空挡时，防守队员移向接应队员时采用此种二过一配合效果较好。直传球力量要适当；

③斜插斜传二过一配合　当防守队员身后空隙较小时或采用连续二过一时可采用此种二过一配合；

④回传反切直传二过一配合　当接应队员与控球队员有一定的纵深距离，而且防守队员贴身逼抢时可主动向后扯动，拉出空挡采用此种二过一配合。

（4）三过二配合

"三过二"是在竞赛中局部地区三个进攻队员通过连续配合突破两个防守者的防守。由于这种配合有两个同队队员可以同时接应传球，因此使持球人传球路线更多，且进攻面扩大。

全队进攻战术

全队进攻战术是指竞赛中一方获得球后，通过队员之间的传递配合达到射门的目的而采用的配合方法。与局部进攻战术相比较，全队进攻战术的进攻面比较广。进攻方式主要有边路进攻、中路进攻等。

（1）边路进攻

边路进攻是足球运动中很常用的一种进攻战术。它指的是球员得球后，迅速通过边路向前推进，到底线附近传球给中路包抄的队员，达到射门目的。尽管足球竞赛胜负绝不仅仅依靠进攻的战术，但无疑进攻战术也是很重要的一环。

①边路进攻的方式　边路进攻有运球突破；二过一配合突破；交叉换位配合突破；插上套边配合突破。

②边路进攻传中的方式　有外围传中、边路传中、下底回扣传中、两肋楔进传切配合。

（2）中路进攻

①概念　通常是指进攻最后阶段发生在前场中间区域的进攻。中

路进攻形成的渠道，一般也来自于中路直向推进和边中转移两种形式。

②特点　中路进攻特点一般说来比边路进攻更具有威胁性和直接性。由于中路往往防守人员密集，以致进攻有效性的难度很大，但若一旦成功，则威胁效果更大。

③方式　中路进攻结束方式多种多样：运球推进中远射；个人运球突破射门；局部各种 2 打 1 和 3 打 2 快速配合射门；包抄传中球射门；战机不适向两翼分球；中场队员插上射门；任意球直接或配合射门。

（3）快速反击

①概念　竞赛中当攻方进攻时，后卫线往往压至中场附近，防守人数也由于插上进攻和助攻而相对减少，此时如能抓住对方防区空隙较大和回防较慢的机会，乘其失球发动快速反击，往往能取得良好的效果。

②方式　快速反击是最有威胁的进攻手段，有效地进攻在于突然快速地反击，但其难度较大，既要冒险，又要有准确、快速的传切配合技能。快速反击要有组织，配合得要极为默契，必须进行专门性的训练，否则很难在竞赛中实施。常用战术有后卫长传等。

（4）层次进攻

①概念　层次进攻是指在对方已组织好防守队形的情况下，所采用的有组织、有步骤的进攻战术配合方法。

②特点　层次进攻的特点是，有较充裕的时间和随机选择的空间进行配合来寻找对方的防守漏洞，进行逐层突破，以获取进攻的成功率。层次进攻打法有边路进攻、中路进攻和转移进攻。

（5）防守进攻

破密集防守的进攻是指针对对方为了不输球、少输球或保住已取得的战果，全队收缩在后场只守不攻的进攻战术配合方法。

20. 足球的防守战术

防守战术是指在对方控制球并发动进攻时而采取的一种防御战术。

它分为两种基本类型：人盯人防守、盯人和区域相结合。

防守原则

防守战术在竞赛中的具体运用，往往表现出一定的被动性，即受进攻战术的牵制。但就其目的而言，防守战术是扼制对方进攻并设法夺回球的控制权。因此，为了掌握好防守战术，防守队员必须掌握好一些原则。

（1）延缓原则

就是延缓阻碍对方的进攻速度，为本队组织严密的防守布局争取时间。延缓原则常用于进攻失球后的时刻，完成这一任务的队员一般是离球最近的锋线队员。一般说来，锋线队员失球后的唯一战术职责就是作为防守的第一道障碍线，阻止对方有组织地快速反击。

（2）平衡原则

主要是指防守队员在人数上至少与进攻队员保持等量。在同伴延缓对方进攻速度时，每一防守队员应根据自己的位置职能要求，迅速回撤到自己的防守位置上，并在整体布局上形成相互保护的合理站位。

（3）集中原则

是指防守队员在回位后，把注意力专注于每一位进攻者。面对进攻者要因时制宜地采取积极性的反抢行动。在执行该原则时，要以近球者紧逼、远球者保持一定距离为基本思想。

（4）控制原则

通常是针对于后场区的防守而言。其基本内容是：基于球门前面是防守区域的咽喉地带，为了确保球门安全，防守队员必须采用盯人方法，以控制对手在此区域的一切行动。盯人可采用人盯人与保护的方式，也可运用区域盯人的方式。这主要取决于本队和对方队员的具体攻守特点，但无论取何种形式，牢牢控制对手的根本目的是不能掉以轻心。

常见战术

防守战术中主要是人盯人防守。但在不同的情况和不同的防守区域，也有采用区域人盯人、混合防守等战术。

（1）人盯人防守

人盯人防守是一种除自由人以外，其他每个队员都有固定盯人对象的防守形式。这种打法突出的特点是，在全场攻守的每一空间，两两对垒的情况总是使每一进攻队员始终处于压力之中。

（2）区域防守

区域盯人防守的基本含义是，每一防守队员占据一定的活动区域，当进攻者进入该防区时，区域防守队员实施严密盯人，以控制进攻者在此区域的一切有效行动。区域盯人打法中，有一个自由人担负补位和指挥的作用，这一自由人一般由中后卫担任。

（3）混合防守

①概念　混合防守是人盯人防守和区域盯人防守两种形式交织一起的防守打法。

②特点　它的最大特点是，能根据对手情况，灵活地将人盯人防守和区域防守的优点充分运用，以提高全队防守的效益。

③方式　混合防守的运用方式通常是，选择体力好，个人作战能力强的队员以人盯人防守盯住对方的核心队员，限制其行动自由，至于其他队员则多采用区域盯人防守。

（4）密集防守

①概念　密集防守是一种缩小防范区域、集防守主要力量于门前，危险地带而仅留 1 名至 2 名队员于中场用近的防守形式。

②区域　它的主要防范区域是门前的倒"漏斗"。

③特点　其防守打法的主要特点是，防守人数多，可趁空隙小，渗透性进攻配合较难，因此，破门的难度也相对较大。

其他战术

除了人盯人防守、区域人盯人、混合防守外，足球防守战术里还包括制造越位、补位战术等，正确运用这些战术，常常能够给球队带来很多好处。

（1）越位战术

越位战术是利用规则而设计的一种防守战术，是一种以巧制胜的省力打法，因而成为一种重要的防守手段。但由于其配合难度较大，搞不好会适得其反，让对手钻空子，因此战术往往是被水平较高的球队所采纳，但在一场竞赛中也不是多次运用。

（2）补位战术

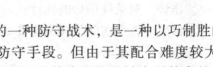

补位是足球竞赛中局部地区集体配合进行防守的一种方法。当防守过程中一个防守队员被对手突破时，另一个队员则立即上前进行堵封。

（3）围抢战术

围抢是指竞赛中在某局部位置上，防守一方利用人数上的相对优势，通常是两三个队员同时围堵对方的持球队员，以求在短暂时间内达到抢断或破坏对方的目的。

21. 足球运动的主要规则

足球规则是保护双方运动员安全，保证竞赛公平进行的依据。足球竞赛规则包括多个方面，有对程序的，对球的等。

竞赛时间

足球竞赛分为两个半场，每半场45分钟。特殊情况经裁判员和双方同意另定除外。任何改变竞赛时间的协议必须在竞赛开始之前制定，并要符合竞赛规程。在竞赛期间还有一些有关时间的规定，如中场休息等。

（1）中场休息

竞赛中，队员有中场休息的权利，但中场休息不得超过15分钟。竞赛规程必须阐明中场休息的时间，只有经裁判员同意方可改变中场休息时间。

（2）扣除时间

在每半场竞赛中损失的所有时间应被扣除：

①替换　替换队员；

②伤势　对队员伤势的估计；

③移出　将受伤队员移出竞赛场地进行治疗；

④拖延　拖延时间；

⑤其他　任何其他原因。

竞赛开始

为了保证足球竞赛的标准和有序，足球竞赛在开始和重新开始方面有一些具体的实施细则。

（1）预备

通过掷币，猜中的队决定上半场竞赛的进攻方向，另一队开球开始竞赛。下半场竞赛两队交换竞赛场地。

（2）开球

和开球有关的规定有需要开球的情况、开球直接得分的要求等。

①方式　开球是竞赛开始和重新开始的一种方式，需要开球的情况有：在竞赛开始时；在某队进球得分后，由另一队开球时；在下半场竞赛开始时；在决胜期两个半场开始时；

②得分　直接得分的条件：所有队员在本方半场内；开球队的对方队员，应距球至少9.15米，直至竞赛进行；球应放定在中心标记上；裁判员发出信号；当球被踢并向前移动时竞赛即为进行；开球队员在球未经其他队员触及前不得再次触球；

③违规　如果开球队员在其他队员触球前再次触球，由对方队在犯规发生地点踢间接任意球。

竞赛重新开始

竞赛暂停之后，在距竞赛停止时球所在的球门区内的地点最近的、与球门线平行的球门区线上坠球，重新开始竞赛。

死球

（1）判为死球

在竞赛进行中，球成为死球的情况有两种：

①越过　当球不论从地面或空中全部越过球门线或边线时；

②停止　当竞赛已被裁判员停止时。

（2）不判死球

有些球不被判为死球：

①门柱　球从球门柱、横梁或角旗杆弹回场内；

②身上　球从竞赛场地上的裁判员或助理裁判员身上弹回场内。

越位

为了应对越来越多的足球战术，保证足球的激烈性，人们制定了越位这一规则。

（1）一般越位判定

①概念　凡进攻队员比球更接近对方球门线者，即为处于越位位置；

②情况　下列情况除外：该队员在本方半场内；至少有对方队员2人比该队员更接近于对方的球门线。

（2）同时触球判定

①概念　当队员踢或触及球的一瞬间，同队队员处于越位位置时，裁判员认为该队员有下列行为，则应判为越位；

②情况　在干扰竞赛或干扰对方；企图从越位位置获得利益。

（3）其他特殊情况

下列情况，队员不应被判为越位：

①位置　队员仅仅处在越位位置；

②并排　队员直接接得球门球、角球或界外掷球，最后2名防守球员，并排一线时，不算为越位；

③传球　2名队员突破对方所有防守后，处于越位位置，带球队员向平行队员或向处于球后方队员传球，不判越位。

（4）执行越位处理

队员被判罚越位，裁判员应判由对方队员在越位地点踢间接任意球。如果该队员在对方球门区内越位，那么这个任意球可以在越位时所在球门区内任意位置执行。

任意球

罚球的一种。多种球类运动中都具有任意球的判罚，通常在一般性的犯规或者违例时判罚。可分为直接任意球与间接任意球两种。

（1）直接任意球

也称"一脚球"，足球竞赛的一种罚球方式。当一方队员故意违反足球运动规则的有关条款时即被判罚直接任意球，由对方主罚队员在犯规地点直接射门，得分有效。

①情况　裁判员认为：

如果队员草率地、鲁莽地或使用过分地力量违反犯规中的任何一种，将判给对方踢直接任意球：

踢或企图踢对方队员；

绊摔　绊摔或企图绊摔对方队员；

跳向　跳向对方队员；

冲撞　冲撞对方队员；

动手　企图打对方队员；

推动　推动对方队员；

在为了得到对球的控制而抢截对方队员时，于触球前触及对方队员；

拉扯　拉扯对方队员；

唾沫　向对方队员吐唾沫；

手球　故意手球，不包括守门员在本方罚球区内。

②处理　被判定为罚任意球时，由另一方在犯规发生地点踢直接任意球。如果直接任意球直接踢入对方球门，判为得分；如果直接任意球直接踢入本方球门，判给对方踢角球。禁区内的直接任意球为点球。

（2）间接任意球的判定

间接任意球的判定：

①持球　守门员持球6秒；

②触及　发球后未触其他队员再次用手触及；

③故意　手接故意回传球；

④手接　手接己方界外球；

⑤动作　普通队员危险动作；

⑥阻挡　阻挡队员；

⑦越位　阻挡守门员发球和越位；

⑧其他　任何其他未提到的犯规。

（3）任意球的执行

①一般规定任意球的执行也有一些具体的规定：

队员在本方罚球区内踢直接或间接任意球时，在球被踢出罚球区前，所有对方队员都应站在该罚球区外，并必须至少距球9.15米。当球滚至球的圆周距离，并出罚球区后竞赛即为恢复。守门员不得将球接入手中后再踢出进入竞赛，如球未被直接踢出罚球区，则应令重踢；

队员在本方罚球区外踢直接或间接任意球时，所有对方队员在球被踢出前应至少距球9.15米，除非他们已站在自己的球门线上，当球滚动至球的圆周距离时，竞赛即为恢复；

如果对方队员在任意球踢出前，进入罚球区或距球少于9.15米，裁判员应令其退到规定的位置后，方可执行罚球；

踢任意球时，必须将球放定。踢任意球的队员将球踢出后，在球经其他队员踢或触及前，不得再次触球；

②地点　足球规则对任意球的地点规定：守方在本方球门区内踢任意球时，可以在球门区内的任何地点执行；凡攻方在对方球门区内踢间接任意球时，应在距犯规地点最近的、与球门线平行的球门区线上执行。

③罚则　如踢任意球的队员在球被踢出后，经其他队员踢或触及前再次触球，则应判由对方队员在犯规地点踢间接任意球。如队员在对方球门区内犯规，则这个任意球可以在球门区内的任何地点执行。

罚球点球

当竞赛进行中，一个队在本方罚球区内由于违反了可判为直接任意球的10种犯规之一而被判罚的任意球，应执行罚球点球。

（1）规则

当竞赛进行中，一个队在本方罚球区内由于违反了可判为直接任意球的10种犯规之一而被判罚的任意球，应执行罚球点球。罚球点球可以直接进球得分。在每半场竞赛或决定上下半场结束时，应允许延长时间执行完罚球点球。

（2）细则

执行罚球点球时，对于球和队员的位置都有一些具体的规定。

①球点　足球放定在罚球点上；

②主罚　主罚球点球的队员，确认由其主罚；

③踢出　防守方守门员留在本方球门柱间的球门线上，面对主罚队员，直至球被踢出；

④位置　除主罚队员外的队员应处于：竞赛场地内，罚球区外，罚球点后，距罚球点至少9.15米。

（3）执行中的罚则

对违反罚球点球任何规定者，应作如下处理：

①重罚　如守方队员犯规，则球未罚中应重罚；

②无效　如踢罚球点球队员以外的攻方队员犯规，则球罚中无效，应重罚；

③犯规　如踢罚球点球队员在竞赛恢复后犯规，则应由对方队员在犯规地点踢间接任意球。

掷界外球

掷界外球是重新开始比赛的一种方法。掷界外球不能直接进球得分。

（1）判定

①越过　当球的整体不论从地面或空中越过边线时；

②边线　从球越出边线处掷界外球；

③触球　判给最后触球队员的对方。

（2）程序

在掷出球的一瞬间，掷球者应：

①场地　面向比赛场地；

②站在　任何一只脚的部分站在边线上或站在边线外的地上；

③双手　使用双手；

④掷出　将球从头后经头上掷出。

（3）结果

掷球队员在其他队员触球前不得再次触球。球一进入比赛场地，比赛即为进行。

（4）判罚

①执行规则

再次触球　如果比赛进行后，掷球队员在其他队员触球前再次触球：由对方在犯规发生地点踢间接任意球；

故意触球　如果比赛进行后，掷球队员在其他队员触球前故意用手触球：由对方在犯规发生地点踢直接任意球；

如果犯规发生地点在掷球队员本方罚球区内，则判罚点球。

②守门员掷界外球

再次触球　如果比赛进行后，守门员在其他队员触球前再次触球：由对方在犯规发生地点踢间接任意球；

故意触球　如果比赛进行后，守门员在其他队员触球前故意用手触球：

罚球区外　如果犯规发生地点在守门员本方罚球区外，由对方在犯规发生地点踢直接任意球；

罚球区内　如果犯规发生地点在守门员本方罚球区内，由对方在犯规发生地点踢间接任意球；

③阻碍队员

出示　将因非体育道德行为被警告并出示黄牌；

违反　对于任何其他违反此规则的：由对方掷界外球。

球门球

球门球是重新开始竞赛的一种方法。球门球可以直接射入对方球门而得分。

（1）判定

可以判定为球门球的情形：当球的整体不论从地面或空中越过球门线，而最后触球者为攻方队员，且根据规则不是进球得分时。

（2）程序

球门球的执行遵守如下程序：

①踢球　由防守方从球门区内的任何一点踢球；

②进行　应在罚球区外直至竞赛进行；

③触球　球队员在其他队员触球前不得再次触球；

④踢出　球被直接踢出罚球区，竞赛即为进行。

（3）判罚

针对球门球执行中出现的问题，具体判罚如下：

①重踢　实施球门球时，如果球未被直接踢出罚球区进入竞赛应重踢；

②队员　除守门员外的队员踢球门球：

再次触球　如果竞赛进行后，踢球队员在其他队员触球前再次触球，由对方在犯规发生地点踢间接任意球；

故意触球　如果竞赛进行后，踢球队员在其他队员触球前故意用手触球，由对方在犯规发生地点踢直接任意球；

罚球区内　如果犯规发生地点在踢球队员本方罚球区内，则判罚点球；

③守门员：

再次触球　如果竞赛进行后，守门员在其他队员触球前再次触球，由对方在犯规发生地点踢间接任意球。

故意触球　如果竞赛进行后，守门员在其他队员触球前故意用手触球；

罚球区外　如果犯规发生地点在守门员本方罚球区外，由对方在犯规发生地点踢直接任意球；

罚球区内　如果犯规发生地点在守门员本方罚球区内，由对方在犯规发生地点踢间接任意球。

④重踢　对于任何其他违反此规则的，应重踢。

角球

角球是重新开始竞赛的一种方法，角球可以直接射入对方球门而得分。

（1）判定

当球的整体不论在地面或空中越过球门线，而最后触球者为守方队员，且根据计胜规则不是进球得分时。

（2）程序

判定为角球后，遵照以下程序进行：

①放在　将球放在离球出界处最近的角旗杆的角球弧内；

②移动　不得移动角旗杆；

③距球　对方应在距球至少9.15米以外，直至竞赛进行；

④踢球　由攻方队员踢球；

⑤进行　当球被踢并移动时竞赛即为进行；

⑥触球　踢球队员在其他队员触球前不得再次触球。

（3）判罚

在执行角球时，如果出现违规情况按照以下方式处理：

①再次触球　如果竞赛进行后，踢球队员在其他队员触球前再次触球，由对方在犯规发生地点踢间接任意球；

②故意触球　如果竞赛进行后，踢球队员在其他队员触球前故意用手触球，由对方在犯规发生地点踢直接任意球；如果犯规发生地点在踢球队员本方罚球区内，则判罚球点球；

③发生地点 如果竞赛进行后，守门员在其他队员触球前再次触球，由对方在犯规发生地点踢间接任意球；

④罚球区域 如果竞赛进行后，守门员在其他队员触球前故意用手触球，如果犯规发生地点在守门员本方罚球区外，由对方在犯规发生地点踢直接任意球；如果犯规发生地点在守门员本方罚球区内，由对方在犯规发生地点踢间接任意球；

⑤其他犯规 对于任何其他犯规，应重新踢。

纪律制裁

只有对场上人员、替补队员或是被替换下场的队员，才能出示红黄牌。

（1）出示黄牌

如果队员违反下列7种犯规中的任何一种，将被警告并出示黄牌：

①道德 犯有非体育道德行为；

②异议 以语言或行动表示异议；

③违反 持续违反规则；

④延误 延误竞赛重新开始；

⑤退出 当以角球或任意球重新开始竞赛时，不退出规定的距离；

⑥许可 未得到裁判员许可，进入或重新进入竞赛场地；

⑦故意 未得到裁判员许可，故意离开竞赛场地。

（2）出示红牌

出示红牌即是要罚令出场。如果队员违反下列7种犯规中的任何一种，将被罚令出场并出示红牌：

①犯规 严重犯规；

②行为 暴力行为；

③唾沫 向对方或其他任何人吐唾沫；

④破坏 用故意手球破坏对方的进球或明显的进球得分机会（不包括守门员在本方罚球区内）；

⑤破坏 可判为任意球或点球的犯规破坏对方向本方球门移动着的明显的进球得分机会；

⑥动作 使用无礼的、侮辱的或辱骂性的语言及动作；

⑦警告 在同一场竞赛中得到第二次警告被红牌罚令出场的队员，

必须立即离开竞赛场地附近和技术区域内。

22. 足球竞赛的得分与胜负

足球胜负的最终决定主要是进球个数。

进球得分

当球的整体从球门柱间及横梁下越过球门线，而此前未违反竞赛规则，即为进球得分。

获胜的队

在竞赛中进球数较多的队为胜者。如两队进球数相等或均未进球，则竞赛为平局。

竞赛规程

竞赛规程应说明，若竞赛结束为平局，是否采用决胜期或国际足球理事会同意的其他步骤以决定竞赛的胜者。一般说来，进球制和踢点球决胜是根据竞赛规程的要求，当竞赛打平后需要决出胜队时，采用的方法。

（1）进球制程序

在规定竞赛时间结束后进行的加时赛中，先进球的一方即为胜方。如加时赛中双方均无进球，则互踢点球决出胜方。

（2）踢点球决胜

踢点球决胜的程序是：

①球门　裁判员选定用于踢点球的球门；

②投币　采用投币方式，猜中的一方先踢；

③记录　裁判员对踢点球做记录；

按照下列解释，两队应各踢5次。

①双方轮流　如果两队在踢满5次前，一队的进球数已多于另一队踢满5次时可能射中的球数，则不需要再踢；

②踢点球　如果两队均已踢满5次，双方进球数相同或均未进球，则按同样轮流的顺序踢点球，直至双方踢球次数相同，而一队较另一队多进1球时为止；

③进行替换　在踢点球过程中，场上守门员受伤不能继续竞赛时，可由竞赛规程规定的最大限额内被提名而尚未使用过的替补队员进行替换；

④参加踢球　除上一条所述的情况，只有竞赛结束时，包括在规定的延长期竞赛结束时在场上的队员方可参加踢点球；

⑤符合资格　每次应由不同的队员踢点球，直至双方符合资格的队员均踢过一次后，方可踢第二次；

⑥互换位置　在踢点球的过程中，符合资格的队员可以与守门员互换位置；

⑦执法裁判　在踢点球的过程中，只允许符合资格的队员和执法裁判员在场内；

⑧在中圈内　除踢点球的队员和2名守门员外，其他所有队员必须在中圈内；

⑨竞赛场地　踢点球队员一方的守门员必须在罚球区以外的球门线与罚球区线交汇处的竞赛场地上；

除非另有所述，有关足球竞赛规则和国际足球理事会的决议应在踢球点球决胜时实施。

竞赛结束时，如果双方人数不等，人数多的一方应减去多出的人数以与对方人数一致，并通知裁判员出场队员的名字和号码。球队队长负责此事。

在开始踢点球决胜之前，裁判员应确定留在中圈里的双方队员人数一致后再执行踢点球。

第二章

篮球运动的竞赛与裁判

1. 篮球的历史演变

篮球是一个由两队参与的以投篮为中心的对抗性体育运动之一，自从 19 世纪末诞生以来，经过 200 多年的演变，已经成为了一项非常成熟的体育运动。

篮球起源

1891 年在美国马萨诸塞州斯普林菲尔德基督教青年会有一位叫詹姆斯－奈史密斯的教师。他见到学生们由于怕冷，在冬天里不敢到户外活动，但呆在室内又闷得慌。为了让学生在冬季也能锻炼身体，他就想出了一个有趣的游戏。他弄来了两个盛梨用的圆木筐，然后把它们分别钉在学校体育馆二楼走廊两边的护栏上，这就成了第一个"篮"球场。而学生们则分成两边，争抢一个皮球，看那边把球投进对方的次数多。

刚开始，学生们为了个皮球抢得乱哄哄的，跟玩橄榄球似的，于是他又制定了一些简单的规则，让这项运动更能体现人体的柔韧性和灵活性。这种简单的运动便得到了大家的认可，很快这种运动就在北美地区普及开来。

世界篮球发展

篮球在美国诞生以后，首先在美洲国家开始普及开来。1892 年篮球运动首先传入墨西哥，并很快在墨西哥各地得到开展。这样，墨西哥成了美国之外，第一个开展篮球运动的国家，并很快普及到其他国家。

（1）规则形成

在篮球规则方面，至 1893 年形成近似现代的篮板、篮圈和篮网。上场竞赛人数逐步缩减为每队 10 人、9 人、7 人，1893 年定为每队上场 5 人。

在篮球竞赛方面，1904 年在第三届奥林匹克运动会上第一次进行了篮球表演赛。1908 年美国制定了全国统一的篮球规则，并有多种文字出版，发行于全世界，这样，篮球运动逐渐传遍美洲、欧洲和亚洲等地区，成为世界性运动项目。

（2）不断完善

此后规则还出现多次变化，特别是 20 世纪 50 年代后期以来，规则的改变对篮球竞赛的攻守速度，对运动员的身体、技术、战术以及意志、作风等各方面都不断提出新的更高的要求，促进了篮球技术水平的迅速提高。

女子篮球是 1976 年第二十一届奥运会上才列为正式竞赛项目的。

2．篮球的特点和作用

篮球是深受全世界人民喜爱的三大球之一，它之所以受到人们的如此青睐，和篮球的特点和作用有很大关系。

特点

篮球运动是最受人们喜爱的运动项目之一。它之所以在全世界范围内得到如此广泛的发展，是与它具有的一些特点分不开的。

（1）集体性

篮球运动的活动形式是以两队成员相互协同攻守对抗的形式进行的，竞赛过程，集整体的智慧和技能协同配合，反映和谐互助的团队精神和协作风格，才能获得最佳成效。

（2）对抗性

篮球的对抗性分地面对抗和高空对抗，这激烈的对抗性使这项运动充满了刺激与挑战。

（3）时空性

篮球竞赛在一定的时间内围绕空间的球和篮框展开攻守对抗，因此在竞赛过程中的时间观念、空间意识必须强烈，并以智慧运用各种形式、方法和手段去争取时间，剥夺空间优势，从而使竞赛更具有时空性要求，这也是篮球运动独有的特点。

（4）教育性

从社会学的角度说，篮球运动是一项由广泛群众基础和特殊社会影响的体育项目。篮球竞赛和各种篮球活动过程中充满教育因素，它引发种种有趣的竞技史事和人物故事，给人以观赏赞誉，增智教育，可以成为在不同人群中进行社会性人本教育的直观课程。

（5）商业化

自20世纪90年代国际奥林匹克委员会允许职业篮球运动员参加奥运会篮球赛后，篮球运动和篮球竞赛在世界范围内加速进入职业化和商品化，特别是近年来世界各国的职业篮球运动有了新的发展。以美国NBA职业联赛为典型代表，其商业化的程度，已成为美国几大产业中的最有活力的新兴产业之一。

作用

作为一个广受世界人们喜爱的运动，篮球不仅可以起到强身健体的作用，它还可以娱乐身心，增强生命活力，培养团队精神等。

（1）增强生命活力

篮球活动涵盖了跑、跳、投等多种身体运动形式，且运动强度较大，因此，它能全面、有效、综合地促进身体素质和人体机能的全面发展，提高和保持人的生命活力，为人的一切活动打下坚实的身体（物质）基础，从而提高生活的质量。

（2）有益心理健康

现代社会的高效率和快节奏限制了人们的相互交流与了解，但篮球场给人们提供了机遇。篮球活动能有效缓解工作压力，而良好的竞争环境又能培养健康的心理适应力和承受力，调整及维护参与者的心理健康水平。

同时，通过练习和竞赛的过程，篮球运动能使参与者的个性、自信心、情绪控制、意志力、进取心、自我控制与约束等方面都有良好的发展，以及培养团结拼搏、努力协作、文明自律、遵纪守法、尊重他人等良好的道德品质和集体主义精神。

（3）培养应变能力

篮球运动的所有的行动都要受到不同对手的制约，要求参与者依据自身实力，结合不同对手进行分析比较，斗智斗勇、扬长避短、克敌制胜。这能有效地促进参与者的心理、技能、观察、应变等综合能力的提高，锻炼和培养发现问题、分析问题和解决问题的能力。

（4）满足多种需求

篮球活动具有很强的参与性、趣味性、应变性、娱乐性和竞技性等，能满足不同人群的多种需求。篮球活动的形式可因人而异，运动量可随意调节，因此适宜于各类人群的广泛参与。各类不同的参与者都能在活动场上找到展示自我的方式，满足自己的不同层次的需求。

（5）商业价值巨大

篮球运动正以较快的速度向职业化、商业化和产业化的方向快速发展。特别是高水平的竞技篮球运动早已转向了职业化和商业化，有些国家篮球运动的商业化水平已经很高。

3. 篮球竞赛的场地

篮球场地是进行篮球竞赛的地方，一般应是一个长方形的坚实平面，无障碍物。此外在大小等方面还有一些具体要求。

场地标准

球场的丈量从界线的内沿量起。奥运会篮球竞赛和世界篮球锦标赛的竞赛场地长度为 28 米，宽 15 米，其他竞赛的场地长度可减少 4 米，宽度减少 2 米，要求其变动互相成比例。

室内高度

标准的场地一般建在室内，篮球规则对室内也有明确的规定：天花板或最低障碍物的高度至少应为 7 米。

场地材料

篮球场地有土质、水泥、沥青和木质等。有条件的一般都用木质场地。土质、水泥和沥青场地比较经济，基层单位使用较多，但要注意地面平整，以防出现伤害事故。

场地标识

篮球场地上有多种线，这些线都有具体的作用和具体的规格。

（1）边线

长边的界线称"边线"，短边的界线称"端线"。球场上各线都必须十分清晰，线宽均为 0.05 米。

（2）中线

从边线的中点画一平行端线的横线称中线。中线应向两侧边线外各延长 0.15 米。

（3）中圈

以中线的中点为圆心，以 1.80 米为半径，半径从圆周的外沿量起，画一个圆圈称中圈。

（4）三分投篮区

三分投篮区是由场上两条拱形线限制出的地面区域。在此区域外投篮得三分。

（5）罚球区

罚球区是限制区加上以罚球线中点为圆心，以 1.80 米为半径向限制区外所画的半圆区域，它是执行罚球的区域。

（6）限制区

从罚球线两端画两条线至距离端线中点各 3 米的地方，均从外沿量起，所构成的地面区域叫限制区。它的作用是球在本队控制时，限制本队队员在对方限制区内停留的时间不超过 3 秒钟。

4. 篮球竞赛的器具

篮球的设施主要包括篮球、篮圈、篮板等。

篮球

（1）规定

在正式的篮球竞赛中，篮球是有明确规定的，这些规定如下：

①圆形　球是圆形的，为认可的暗橙色；

②材质　外壳用皮、橡胶或合成物质制成；

③圆周　圆周不得小于 0.749 米，不得大于 0.78 米；

④重量　重量不得少于 567 克，不得多于 650 克；

⑤高度　充气后，使球从 1.80 米的高度落到球场的地面上，反弹起来的高度不得低于 1.2 米，也不得高于 1.4 米；

⑥宽度　球面的接缝或槽的宽度不得超过 0.00635 米。

（2）备用

主队至少要准备两个用过的、符合上述规格的球。主裁判员是确定球是否合乎标准的唯一鉴定人。如果上述球经鉴定不适宜作为竞赛用球，竞赛可以选择客队提供的球，也可以从两队作赛前准备活动使用的球中进行选择。

篮板

篮球竞赛中所用的篮板有如下要求：

（1）材质

两场篮板要用适宜的透明材料制成，它们是整块的，具有与0.03米厚的硬木篮板相同的坚硬度。它们也可用0.03米厚、漆成白色的硬木板制成。

（2）尺寸

篮板的尺寸是：横宽1.80米，竖高1.05米，下沿距地面2.90米。

（3）批准

国际篮联的适当部门，如地区委员会对地区或洲的竞赛，或国家联合会对所有国内的竞赛，也有权批准横宽1.80米，竖高1.20米，下沿距地面2.75米的篮板尺寸。

（4）平整

篮板的前面要平整，并且所有的线条画法如下：如果篮板是透明的，用白色；若不透明，用黑色，宽度为0.05米；在每块篮板的篮圈后面要按如下要求画出长方形，外沿尺寸为：横宽0.59米，竖高0.45米，长方形底边的上沿要与圈顶水平面齐平。

篮圈

篮球竞赛中所用的篮圈要按如下要求制作：

（1）实心铁条

实心铁条，内径为0.45米，漆成橙色。

（2）圈条直径

圈条的直径最小为0.017米，最大为0.020米，圈的下沿设有小环或类似的东西，以便悬挂篮网。

（3）牢固安装

它们要牢固地安装在篮板上，篮圈顶面要成水平，离地板3.05米，与篮板两垂直边的距离相等。

（4）距离要求

篮板面距篮圈内沿的最近点是0.15米。

（5）抗压篮圈

91

可以使用抗压篮圈。它们要符合下列技术条件：

①安全 它们要具有与那些不可活动的篮圈完全相同的反弹特性。定压装置要保证这些特性，并保护篮圈和篮板。篮圈的设计及制造可保证队员的安全；

②荷载 具有定力锁定器的那些篮圈，在离篮圈最远点圈顶上施加静荷载未至 105 千克时，定压装置绝不能松动；

③转动 当定压装置打开时，篮圈向下转动，与原来水平位置的夹角不得超过 30 度；

④位置 当定压装置打开并不再施载后，篮圈要自运返回到原来位置。

篮网

（1）颜色

篮网用白色的细绳结成，悬挂在篮圈上。

（2）停顿

它的结构要能够使球穿过球篮时有暂时的停顿。

（3）规格

网长不短于 0.40 米，不长于 0.45 米。

专用器材

在竞赛中要提供一些专用器材供裁判员及其助理人员使用，具体包括表、记录板等。

（1）计时钟和计秒表

竞赛应该提供竞赛计时钟和计秒表各一块供计时员使用，具体使用如下：竞赛计时钟为竞赛的每个阶段计时和在竞赛的每个阶段的间隔时使用，并且放置在让赛场上每一个人都能清楚看到的地方。计秒表用来为暂停时间计时。

（2）30 秒钟装置

所谓 30 秒钟装置，就是由 30 秒钟计时员操纵，用于管理 30 秒钟规则。该装置是自动的、倒计数型，并且是用秒来指示时间，它具有如下功能：

①显示 当任意一队都不控制球时，装置上没有显示；

②继续 当宣判球出界并且不需 30 秒钟装置复位时，该装置能接

着从停住的时间处继续计时。

（3）信号

按规则要求篮球竞赛至少要提供两种互相独立的信号器材，它们能发出显然不同并且是非常响亮的声响。

①声响　是计时员信号，每节和每半时终了时自动发出声响，记录员信号是同一种信号，仅在死球期间，就请求暂停、替换等事项，由记录员操纵发出声响来引起裁判员的注意；

②周期　是30秒钟计时员信号，即30秒钟周期结束时自动发出声响；

③记录板

记录板要让与竞赛有关的每一个人，包括观众都能看清楚；

④记录表

记录表要由国际篮球联合会批准，并由记录员在竞赛开始前和竞赛中按规则规定进行填写。

竞赛装备

装备是指参加篮球竞赛时，相关人员在服装、护具等方面的配备。

（1）上衣装备

参赛队员在服装方面的要求是前后是相同单一颜色的背心，具体如下：

①条纹　不允许有条纹的背心；

②镶边　两侧允许镶边；

③标准　镶边要竖直地集中在腋窝下方，每侧的镶边最宽为0.03米，两侧镶边的总宽为0.06米；

④装饰　背心领口或开袖处的装饰边不超过0.03米宽；

⑤塞进　在竞赛中，男队员必须把他们的背心塞进短裤内。

（2）裤子装备

篮球规则对队员的裤子也有明确的要求。队员的裤子前后是相同单一颜色的短裤，但不一定和背心的颜色相同，具体要求如下：

①饰边　允许加装饰边；

②标准　每侧的竖直装饰边最宽0.03米，两侧装饰边的总宽为0.06米，裤腿口的装饰边不超过0.03米宽。

（3）号码标准

每个参赛队员背心前后的号码须是清晰的、单色的，并与背心的颜色有明显的区别。号码要醒目，并且还有如下要求：

①高度　后背的号码至少高 0.20 米，前胸的号码至少高 0.10 米；

②宽度　号码的宽度不得少于 0.02 米；

③数字　球队要使用 4 至 15 的号码；

④重复　同队队员不得使用重复的号码。

在竞赛中，如果某队员改变他的号码，要向记录员和主裁判员报告这一改变。

（4）鞋袜要求

对于鞋袜，篮球规则并没有明确的规定。一般来说，国际篮联主要的竞赛，同队的队员要穿着一致的单一色或多色的鞋及单一色或多色的袜子。

（5）不允许装备

在竞赛中，一些装备是不允许使用的，具体包括：

①防护　手指、手、手腕、肘或前臂部位的防护装备；

②坚硬　它们的整体或其支架部分由皮革、塑料、软塑料、金属或任何坚硬的物质制造，即使表面用软的包扎也不行；

③擦伤　能割破或引起擦伤的装备；

④饰物　头饰和珠宝饰物。

5. 篮球竞赛的参赛人员

在一场篮球竞赛中，参加人员主要包括运动员、裁判员和其他工作人员。

人数

篮球规则对每个队要按下列要求组成：

（1）参赛

对于 2×20 分钟的竞赛，不超过 10 名合格参赛的球员。

（2）合格

对于 4×12 分钟的竞赛，或竞赛中一个队超过 3 场竞赛时，不超过 12 名合格参赛的球员。

（3）助理

1名教练员，如果球队需要，可配备1名助理教练员。

（4）队长

其中1名合格参赛的球员是队长。

位置

和足球竞赛一样，篮球竞赛也是一项对人参加的运动。在参赛的运动员中，因为位置不同，而有不同的称谓。

（1）控球后卫

控球后卫是球场上拿球机会最多的人。他要把球从后场安全地带到前场，再把球传给其他队友，这才有让其他人得分的机会。一个合格的控球后卫要能将球传到最容易得分的地方。再更进一步地说，他还要组织本队的进攻，让队友的进攻更为流畅。

（2）得分后卫

得分后卫以得分为主要任务。他在场上是仅次于小前锋的第二得分手，但是他不需要练就像小前锋一般的单打能力，因为他经常是由队友帮他找出空挡后投篮的。不过也就因为如此，他的外线准投与稳定性要非常好。

（3）中锋

中锋，顾名思义乃是一个球队的中心人物。他多数的时间是要待在禁区里卖劳力、卖身材的，他在攻在守，都是球队的枢纽，故名之为中锋。1名好的中锋还得多才多艺。在进攻方面，中锋在接近篮框的位置要有单打的能力，他要能背对着篮框做单打动作，转身投篮是最常见的一项，而跳勾、勾射则是更难防守的得分方式。防守上，要称为一个好的中锋，那除了守好自己该看的球员之外，适时帮忙队友的防守是必须的。

（4）小前锋

小前锋是球队中最重要的得分者。对小前锋最根本的要求就是要能得分，而且是较远距离的得分。小前锋一接到球，第一个想到的就是要如何把球往篮框里塞。

（5）大前锋

大前锋在队上担任的任务几乎都是以苦工为主，要抢篮板、防守、卡位都少不了他，但是要投篮、得分，他却经常是最后一个。所以说，大前锋可以算是篮球场上最不起眼的角色。

替换

竞赛中，替补队员要在场外等候，直至裁判员招手示意他进场。替补队员进场前要向记录员报告，并且必须立即做好竞赛的准备。

（1）需要替补

一旦出现下列机会，记录员就要发出信号通知替换要求：

①死球　球成死球；

②计时　停止竞赛计时钟；

③犯规　当裁判员正在向记录台报告一起犯规，在他报告完毕时。

（2）替换条件

根据不同的情况，球员替换还有一些具体的规定：

①违例　违例后只有掷界外球的队可以替换。在这样的替换中，只要掷界外球的队替换了，对方队也可以替换；

②替换　在下列情况下，只有罚球队员才可被替换：

提出　该替换请求要在第一次或仅有一次的罚球球进入竞赛状态前提出；

进入　最后一次或仅有一次的罚球成功，或在最后一次或仅有一次的罚球后，由于还要执行后续犯规罚则的缘故，球成死球并处于死球期间时。在这种情况下，对方队员随后可以获得一次替换，只要该替换请求在最后一次或仅有一次罚球球进入竞赛状态前提出；

机会　在罚球之间不允许替换，直至出现下一次替换机会时才许可替换；

犯规　如果在罚球过程中发生了犯规，只允许在先前犯规的全部罚球完毕后，执行新一起犯规的罚则，球进入竞赛状态之前进行替换；

跳球　跳球队员不能被其他队员替换；

重新　被替换的队员不能重新进入竞赛，替补队员已变成队员的不能离开竞赛，除非经过了一个竞赛的钟表运行片段；

暂停　在暂停期间如果提出替换，替补队员在进入竞赛前必须报告记录员并要得到就近裁判员的招呼；

撤销　替换的请求可以在记录员的信号发出之前撤销。

（3）替补的实施

记录员必须在球再次进入竞赛状态前向裁判员发出信号，替换要尽快完成。如果裁判员认为是无理地延误时间，就要登记违犯的队一次暂停。

受伤处理

篮球是一项对抗性很强的运动，运动期间队员难免会出现受伤情况。出现受伤情况如果影响到竞赛，处理规则如下：

（1）停止竞赛

假如队员受伤，裁判员可以停止竞赛。

（2）中断竞赛

如活球中发生受伤事故，裁判员要使竞赛告一段落时再鸣哨。所谓告一段落，即控制球的队已经投篮、失去控制球、持球停止进攻或球已成死球。为了保护受伤队员，必要时裁判员可立即中断竞赛。

（3）要求事项

替换受伤队员的要求如下：

①换下　如果受伤队员不能立即参加竞赛，或者如果他接受治疗，他必须在 1 分钟内被替换出场，如伤势妨碍在 1 分钟内被替换，也必须尽快换下；

②重新　受伤队员已经接受治疗，或在 1 分钟之内恢复了，他可以继续留在场上参加竞赛，但必须要登记该队一次暂停（在该队上场队员少于 5 人时除外）。该队不得获得一次完整的 60 秒暂停，并且竞赛要尽快重新开始。

（4）出现情况

如果出现下列情况，受伤队员不能留在场上继续竞赛，必须被替换：

①伤势　他的伤势使他在 1 分钟内不能继续竞赛；

②剩余　该队没有任何剩余的暂停；

③队员　假如该队上场队员少于 5 人时除外。

（5）替换机会

如已判给受伤队员罚球，则要由替换他的队员执行。该替换队员不能被替换，只能等到该队下次替换机会时再被替换。

（6）返回球场

竞赛中，裁判员要命令每一位正在流血或有伤口的队员离开竞赛场地，并让其被替换。该队员只有在流血停止并且患部或创面已被全面安全地包扎后才可返回球场。

球队队长

在篮球竞赛时，每个篮球队有 1 名队长。篮球队长的职责和权力如下：

（1）球队代表

必要时，队长是他的球队在场上的代表。他可以为获得必要的情况向裁判员提出请求。这样做时要有礼貌，而且只能在球成死球并停止竞赛计时钟时。

（2）代理队长

队长因任何一正当原因离开球场，要把他不在场期间担任代理队长职务的队员通知主裁判员。

教练员

在篮球的训练和竞赛中，都离不开篮球运动的指导者运动员。在正式竞赛中，球队教练员的权力和职责有如下几个方面：

（1）送交名单

至少在预定的竞赛开始前 20 分钟，双方教练员要将包括参赛球员姓名、号码，以及队长、教练员和助理教练员的书面名单送交记录员。

（2）确定队员

至少在竞赛开始前 10 分钟，教练员要确认该队已登记的球员姓名、号码和教练员姓名的名单，并在记录表上签字。同时指明开始上场的 5 名队员。A 队教练员要首先办理此事。

（3）提出请求

只有教练员或助理教练员才可以提出暂停请求。

（4）做好准备

当教练员或助理教练员想要替换队员时，该替补队员必须向记录员报告请求替换，并必须立即做好上场竞赛的准备。

（5）助理代理

如助理教练员，他的姓名必须在竞赛开始前填入记录表内。教练员如因一些原因不能继续执行其职责，要由助理教练员代理。

（6）临时处置

如果教练员不能继续工作，而在记录表上又没有登记助理教练员，或助理教练员也不能继续工作，队长可以担任教练员。如队长因任何正当的原因必须离场，他可以继续担任教练员。然而，如因被取消竞赛资格而必须离场，或因受伤不能担任教练员，则代替他担任队长的队员替代他当教练员。

（7）保持站立

竞赛中，仅允许在记录表上登记姓名的教练员站立着。

6. 篮球竞赛的裁判人员

篮球竞赛中，除了有运动员、教练员之外，还有裁判人员，它包括主裁判、助理裁判等。

人员配备

篮球竞赛中的裁判人员有明确的配备数量，具体如下：

（1）裁判组成

裁判员包括主裁判员和副裁判员各1名，计时员、记录员、助理记录员和30秒钟计时员各1名为其助理。

（2）技术代表

可以有1名技术代表到场。技术代表在竞赛中的职责主要是监督记录台人员的工作，并协助主裁判员和副裁判员，使竞赛顺利进行。

（3）指导竞赛

裁判员及其助理人员要按照规则和国际篮联世界技术委员会确定的国际篮联对规则的官方解释来指导竞赛。

值得注意的是，担任一场竞赛的主裁判员和副裁判员不得与竞赛双方的组织有任何方式的联系。裁判员及其助理人员或技术代表都无权改变规则。

裁判员的服装

正规竞赛中，裁判员的服装也有明确的要求：灰色上衣，黑色长裤，黑色篮球鞋和黑色袜子。

主裁判的权力

主裁判是一场竞赛的控制者，具有非常大的权限：

（1）检查器材

主裁判员要检查和批准在竞赛过程中使用的所有器材。

（2）指定确认

主裁判员要指定正式的竞赛计时钟，并确认计时员、记录员、助理记录员和30秒钟计时员。

（3）禁止物品

主裁判员不得允许任何队员佩带对其他队员有危险的物品。

（4）中圈执行

主裁判员要在中圈执行篮球开始竞赛。

（5）作出决定

如遇裁判员对球篮是否有效的意见不同时，主裁判员要作出最终的决定。

（6）停止竞赛

当情况需要时，主裁判员有权停止竞赛。如果球队在得到通知后拒绝竞赛或其行动阻碍竞赛的进行，主裁判员也有权判定该队弃权。

（7）确定时间

在每半时和每一决胜期终了，或任何他认为有必要的时候，主裁判员要仔细地审查记录表和核定比分，并确定剩余的竞赛时间。

（8）进行商议

在与技术代表和（或）记录台人员的任何商议后，主裁判员要做出最终的决定。

（9）规定事项

主裁判员有权决定规则中未明确规定的事项。

裁判员的判罚

遇到各种违规情况时，裁判员要进行判罚。篮球规则对裁判员宣判的时间和地点也有具体规定，具体如下：

（1）作出宣判

裁判员有权对不论发生在场内或场外的违反规则的行为作出宣判。

（2）权力始终

他们必须在预定的竞赛开始前20分钟到达场地，即开始行使权力。竞赛结束时，经主裁判员批准并在记录表上签字，终止裁判员和竞赛的联系。

（3）执行规定

在竞赛休息时间内发生犯规的处罚则要按适当条款的规定执行。

（4）记录注明

如果在竞赛时间终了和在记录表上签字的期间，队员、教练员、助理教练员或随队人员有任何不道德的行为，主裁判员必须在记录表上注明发生了事故，并保证向负责的部门提交详细的报告，负责的部门要予以适当而严肃的处理。

（5）相互尊重

任一裁判员无权取消或质问另一名裁判员在本规则规定的各自职权范围内所作的宣判。

其他人员

篮球的其他人员主要是指记录员和助理记录员等人员。

（1）记录员的职权

在竞赛中，记录员的职权主要有如下几个方面：

①登记　记录员要登记竞赛开始时上场的队员和所有替补队员的姓名和号码；

②记录　记录两队的累积分数，记录投篮和罚球得分；记录每一个队员的侵入犯规和技术犯规次数，当宣判了任一队员第五次犯规（对于 2×20 分钟的竞赛）或第六次犯规（对于 4×12 分钟的竞赛）时，要立即通知主裁判员；记录每队请求的暂停次数，当在每半时已登记了某队第二次暂停（对于 2×20 分钟的竞赛）或第三次暂停（对于 4×12 分钟的竞赛）时，他要通过裁判员通知该队教练员；

③信号　当计时员指示暂停时间已达50秒时，记录员要发出信号通知裁判员；

④出示　他要出示每个队员犯规的次数。每当队员犯规时，他要举起与该队员犯规次数相一致的标志牌，并要让双方教练员可见；

⑤标志　他要按下述做法使用全队犯规标志：

对于 2×20 分钟的竞赛　某队半时中第七次队员犯规后，当球进入竞赛状态的一瞬间，要在记录台靠近该队球队席的一端放上红色的全队犯规标志；

对于 *4×12* 分钟的竞赛　某队一节中第四次队员犯规后，当球进入竞赛状态的一瞬间，要在记录台靠近该队球队席的一端放上红色的全队犯规标志；

⑧记录员的信号既不能停止竞赛计时钟或竞赛，也不能使球成死球。只有在死球和停止竞赛计时钟，并在球再进入竞赛状态之前才能发出信号。

（2）助理记录员职责

助理记录员要操纵记录板。他的职责不得妨碍其他记录台人员的职责或与其相冲突。

（3）计时员的职责

篮球竞赛中，计时员的职责如下：

①掌握　计时员要按本规则规定掌握竞赛时间的运行和停止；

②通知　计时员要注意每半时开始的时间，并在竞赛开始前 *3* 分多钟时通知主裁判员，以便主裁判员可以通知或通过其他途径通知球队；

③信号　每次暂停，计时员要开动计秒表，并且在暂停时间已达 *50* 秒钟时通知记录员发出信号；

④时间　计时员要用非常响亮的信号表示每半时或决胜期的时间终了；

⑤失灵　如果计时员的信号失灵或未被听到，计时员要用他可动用的一切可能的办法立即通知主裁判员；

⑥停止　计时员的信号使球成死球，并停止竞赛计时钟。

7. 篮球运动的热身技术

篮球运动剧烈，所以在运动或者竞赛前要做一些简单的热身运动，让你的身体为更强的运动做好准备。热身时应该被拉伸的主要几处肌肉：大腿后部、大腿内侧、小腿、背部、肩部。

运动的三个阶段

篮球热身运动可以分为三个阶段：

（1）热身运动

即在热身开始前，向前或向后慢跑，折返跑和交叉步移动大约 *3*

分钟。也可以跳绳，分别用双脚、右脚、左脚、双脚跳大约 *5* 分钟。

（2）伸展运动

即被动静力性伸展运动，主要是进行全身拉伸，时间 *12* 分钟左右。

（3）专项运动

专项热身运动和动力性伸展运动包括一是站立练习：从左向右踢腿，每条腿两组，每组 *15* 次左右；二是移动练习，高抬腿跑，后踢腿跑，后退跑，向前大跨步。

拉伸的身体部位

热身运动以拉伸为主，拉伸的主要身体部位如下：

（1）拉伸大腿后部肌肉

坐在地上，把要拉伸的腿在体前伸直，弯曲另一条腿，整条腿的外侧贴近地面，与伸直的腿组成三角形，背部挺直，从胯部尽量向前屈，双手抓住伸直腿的脚尖，保持这个姿势 *20* 分钟，手触脚尖时不允许有弹动式动作。

（2）拉伸大腿内侧肌肉

拉伸大腿内侧肌肉可以有如下两种方法。

①坐姿　双脚脚底相互贴近，膝盖向外撑并尽量接近地面，双手抓住双脚踝，保持这个姿势，数 *10*，放松，然后重复 *3* 次；

②坐姿　双脚在体前伸直并分开，保持背部和膝盖部挺直，从胯部向前屈体，双手从腿内侧去抓住双腿的脚踝，保持这个姿势，感觉大腿内侧被拉紧，放松，然后重复。

（三）拉伸小腿肌肉

俯身，用双臂和一条腿支撑身体，另一条腿屈于体前放松，身体重心集中于支撑脚的脚尖处，脚跟向后、向下用力，感觉到小腿后部肌肉被拉紧，保持紧张状态，数 *10*，放松，重复 *3* 次，然后换另一条腿做 *3* 次。

8. 篮球运动的运球技术

篮球运动是在快速、激烈、对抗的情况下进行的一项综合性体育活动。想要打好篮球，传运球是最基本的。

运球的环节

完成运球技术一般有 4 个环节，具体如下：

（1）身体姿势

两脚前后开立，侧身上体稍向前倾，两膝微曲，抬头平视，非运球手臂曲肘平抬、肩向前，用以保护球。

（2）手臂动作

手臂动作包括触球手的部位，运球的动作、按拍球的部位和力量的运用。运球时，五指分开，扩大控制面积，用手指和指根部控制球，手心空出。

（3）球的落点

运球时，球的速度、方向和攻守情况不同，球的落点也不同。在无人防守或消极防守情况下的直线高运球，球的落点在运球手同侧脚外侧 0.2 米处，速度越快落点越靠前，离自己越远。在积极防守的情况下，运球的落点应在近体侧或侧后方，以便保护球，变向运球落点基本上位于异体侧或侧前方，胯下运球的落点位于胯下两脚中间的地面上。

（4）手脚配合

运球时既要求人移动速度和球运行速度协调一致，也需要保持合理的动作节奏。

运球方法

根据不同的防守情况，队员在选择运球时也会选择不同的运球方法。

（1）控制性运球

当感到既难以传球，又不可能快速向前时，或者在观察场上形势准备传球或投篮时，运动员应该采用控制性运球。在膝盖到腰部的高度运球。双膝微曲，身体前倾，这样使运动员容易控制好球，也容易快速变速。不参与运球的那只手臂应该弯曲肘部并向外伸，保持平衡，也阻止对手靠近。

（2）快速运球

在运动员要带球快速冲向前场时当然要快速运球。此时身体也要前倾，将球稍微拍向前方，运球高度稍高，在胸部与腰部之间。身体正对移动方向，眼睛观察全场。

（3）变速运球

运球队员要突破对手防守可以采用变速运球。变速运球要求除了改变运球速度，还要改变运球高度。用小的步幅接近对手，然后突然加速，并把运球高度降至膝部位置，快速突破向前。变速运球需要很多练习才能有效地使用。

运球方式

运球不仅有多种方法，还有多种运球方式，常见的有胯下运球、背后运球等。

（1）胯下运球

胯下运球指的是在运球的过程中运球穿越胯下，使对手难以抢断，是一种很有效的运球方式。胯下运球的方法如下：

①降低重心　在不看球的情况下，先练习右手原地运球，再练习左手原地运球；

②力量拨力　靠手腕的力量拨力，单手在身体前左右运球。同样，在身体的一侧前后运球。要注意，运球的时候并不是重心越低越好，因为带球的外力完全由手腕发出，只有控制好球的落地的方向，才能很好的控制好球。一只手熟悉后再用另一只手练习；

③交叉运球　左右手在身体前交叉运球，再在体后交叉运球练习。

（2）背后运球

背后运球，即在身体的后方运球，这样可以用自己的身体作为天然的保护屏障。在实战中，背后运球可以防止对手的抢断，借机可以观察场上的动向。

（3）高运球

①概念　运球时，球反弹的高度在腰、胸之间叫高运球。它是在没有防守队员阻挠情况下，为了加快向前推进的速度或在进攻中调整进攻速度和攻击位置时，所采用的一种运球方法；

②动作　运作方法上体稍前倾，抬头看前方，以肘关节为轴，用手拍按球的后上方，把球的落点控制在身体侧前方。手脚协调配合，使球有节奏地向前运行。

（4）低运球

①概念　运球时球反弹的高度在膝关节以下的运球叫低运球。当

受到对手紧逼或接近防守队员时，常采用这种运球方法保护球和摆脱防守；

②动作　两膝迅速弯曲，重心降低，抬头看前方，上体前倾，靠近防守队员一侧，用上体和腿保护球。同时，用手腕、手指力量短促地拍按球，以便更好地控制球和摆脱防守，继续前进。

（5）急停急起

①概念　运球急停急起是运球时利用速度的突然变化来摆脱防守的一种方法。多用在对手防守较紧的情况下，在快速运球中突然停止前进，迫使防守队员被动减速停住，趁其重心不稳时，再突然加速起动运球，摆脱防守；

②动作　运球急停时，用手快速拍按球的前上方，同时，两脚做跨步急停，并转入低运球，用臂、上体和腿保护球。运球急起时，后脚用力蹬地，同时拍按球的后上方加速超越对手。

（6）换手运球

①概念　体前变向换手运球是运球队员利用突然改变运球方向来突破防守的一种运球方法。这种方法多用于对手堵截运球前进路线时运用；

②动作　以运球队员右手运球向对手右侧突破为例：先向对手左侧快速运球，当对手向左侧移动堵截时，运球队员突然变向，用右手拍按球的右侧后上方，并靠近身体向左侧送拍球，使球落在身体的左侧前方反弹，右脚迅速向左侧前方跨出，上体左转并前倾探肩，换手拍按球的后上方，加速运球突破。

（7）运球转身

①概念　运球转身是运球队员被防守堵截运球的一侧并且距离较近时，运用后转身改变运球方法，借以突破防守的一种方法；

②动作　以右手运球为例：运球转身时，侧对防守，在脚在前做中枢脚，将球控制在身体右侧，右手按球的右侧上方，随着后转身右脚蹬地后撤的同时，将球拉向身体后侧方落地反弹，即换左手运球，从对手的右侧突破。

技术口诀

为了更好地指导运动员正确运球，人们总结出了运球口诀：

手指推进好控球，靠近腰部球不丢。

两眼不管球上事，永观前方不低头。

运球高度要适宜，脱离竞赛师不依。

球近身体易保护，紧逼盯人防袭击。

运球速度知快慢，节奏目的相统一。

主动贴近防守人，不被防守所约束。

突破防线这领球，领先防守第一步。

突停突起方法行，加减速度破平衡。

运球目的寓传球，不必多远免贪球。

慢进前进防后袭，斜前防守防偷机。

运球快速目的明，战术要求需拼命。

运球掩护及时递，同伴帮我突起疾。

无尾随者慎停转，后尾随时快而远。

找到机会快速传，失去战机悔恨晚。

为造机会冲一线，切忌盲目玩表演。

扎到人群出不来，华而不实无体面。

防守不佳为投篮，快攻掩护都不限。

引渡防守拉间距，六种战机可避嫌。

9. 篮球运动的传球技术

篮球是一项集体运动。在篮球技术中，除了控球和投篮外，传球算是最重要的基本技术了。所以学会传球对运动员来说非常重要。

基本要领

传球的方式方法是很多的，但不管采取哪种方式，传球的一些基本的要领是不变的。

（1）动作方法

传球时，双手持球于胸前，身体基本姿势站立。传球时双脚蹬地，双手迅速向传球方向伸臂发力，同时拇指下压、手腕翻转、抖动，最后通过拇指、食指和中指用力拨球将球传出。出球后，手心和拇指向下，其余四指向传球方向，身体重心随球前移、上下肢协调配合。

（2）动作要点

双手伸臂发力，手腕由内向外翻转，拇指下压，食、中指拨球。

（3）基本技巧

传球时，采用何种方式传球取决于实际情况。方式虽然不同，但有几点是一致的：所有的传球都是用手指完成，而不是用手掌。为控制球的速度、方向，手指应该尽可能地张开，手腕要有弹性。

传球方式

传球的方式有很多种，常用的是胸前传球，此外还有头上传球、背后传球等。

（1）胸前传球

从胸前传球快速、有效，是最常用的传球方式。

①预备站位　胸前传球的站位要求是，面向要传球的队友，抬头、曲膝，手指张开，将球持在胸前，两肘微向外，伸臂向外推球时，向前跨出一步，球出手时手指向上、向前推；

②传球程序

要完成胸前传球动作，需要做完三步：

第一步预备动作　双手持球于胸前面向目标，手肘向下，两膝微微曲，左脚在前，右脚在后，上身挺直，重心偏后脚；

第二步传球动作　注视目标，然后双手将球从胸前直传向目标，同时右脚从后蹬踏前，重心前移，上身稍前倾，前臂迅速向传球方向伸出，手心从内翻向外下方，拇指，食指及中指用力将球传出，动量从脚部经手臂输送至手指；

第三步跟进动作　出球后，两手自然伸展向目标，拇指及手心向下，其余四指向目标，而两膝依然微曲成站立姿势，右脚在前，左脚在后。

（2）头上传球

双手头上传球可以越过防守队员，并且可以传得很远。因此，如果运动员被对手紧紧盯住，一般采用头上传球，特别是在对手比自己矮的情况下。持球于头前上方。双手从球的要求是两侧面持球，置于头顶，肘部微曲，向传球方向跨一步的同时手腕向后转，球移至脑后，将球向前抛出，手腕向下转发力。

（3）击地传球

击地传球通常用来将球从防守队友张开的手臂下传出。双手击地传球的技术要领与上面讲到的从胸前传球一样，只是球传出时手指向下有力，使球碰地板反弹后，到达接球队友的腰部位置。

（4）低手传球

低手传球是一种近距离的传球，通常用于将球传递给离自己较近的队友，用手指托住球的下半部，伸臂出球时，向传球方向迈一步，做随球动作时固定手腕，也将球传向接球队友的腰部位置。

（5）"棒球式"传球

棒球式"传球主要用于长距离传球。传球队员传球前将球持于头侧后梢稍过耳，不要将球拿的过于靠后，要让球尽量靠近头部，以便能更好的控制球。这个动作棒球中接球手要把球传给第二垒的动作一样。传球时你的手腕向左或向右翻转，那么你传出地球也一样会向左或向右旋转。传球时手腕用力向下曲腕能有效地修正那种"曲线球"。

（6）高弧线传球

这种传球要做得很好是很困难的。它要求传球时机掌握的近乎完美。要在队友快速向篮下跑动、正准备向空中起跳时，及时将球传出。也可以在同伴被对方严密防守时突然将球吊给队友。快攻时这种传球要做到以球领人，让队友追着球跑，甩掉对方防守，人到球到。球在空中有弧线，接球队员可以在球下面跟者球跑，接球后直接上篮。

（7）双手反弹传球

双手反弹传球的动作与双手胸前传球的动作基本一样。不同的是双手反弹传球时你必须先确定以你与队友之间四分之三处为击地点，传球时尽量将球传在击地点上反弹给队友。为了使传球更加准确，传球时可以向传球的方向迈一步，球击地后反弹起的高度约在接球者的腰部位置，不能低于膝关节，也不能高于腰部。

（8）背后传球

背后传球可以在运球中突然将球传给同伴，也可以在站立持球或向篮下进攻时突然将球传给同伴。只要运用恰当，会给防守队员造成很大困难。练习背后运球时，要侧对传球方向，两脚平行站立。右手持球的后下部，将球绕到身后传出。

10. 篮球运动的接球技术

接球就是获得传球的动作，是防守队员处理击出和传出的球、阻止击跑员或跑垒员上垒、进垒或进分，以及进行局部或全场战术配合必不可少的技术。

接球分类

一般来说，篮球接球的最基本类别还是单、双手的接球。同时，依据不同的标准，篮球还有其他分类。

（1）依据落点

依据接球时球的落点可分为头上接球、肩上接球、胸前接球、低手接球和接反弹球等。

（2）依据状态

依据接球者接球时所处的状态，又可以分为原地接球、行进间接球、跳起接球及防守者贴身紧逼时的接球等。

准备姿势

无论何种接球，都要做一些简单的准备姿势：

（1）选好位置

先选好自己的防守位置。

（2）姿势准备

两眼注视投手，投手踏板暗号时，两腿半蹲，两膝略内扣，两脚左右开立，两手撑膝盖。

（3）一触即发

投手投球动作开始，两眼转移注视击球员，重心进一步下降。身体前倾，臀部略提起，脚跟离地，下肢保持一定紧张状态，如同受压的弹簧，一触即发，两手自然下垂。

基本方式

接球有许多种方式，每一种方式都有各自的接球方法。

（1）接平直球

平直球在球场上很常见，它的接球点一般在胸部、头部附近、腰部、大腿前方或身体的左右侧，因来球快，接球点是随意的。接这种

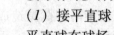

球时有一些常用的手法和步法。

①手法 平直球的球速较快，接球时，一般用单手接，球进手套的一瞬间，要有缓冲动作。接腰以上的平直球，手套五指朝上或稍偏右，两拇指相靠；接腰以下的平直球，手套五指朝下，两掌根相靠，右手注意护球。若来球刚好在腰部，则可降低重心，用手套五指朝上的方法接住球；

②步法 两脚移动迅速灵活，尽量使球在身体的正前方接住。来球稍偏左或右，左脚或右脚向来球方向跨一步；若来球偏左较大，则右脚作向左的前交叉步，左脚顺势跨一步接住球；若来球偏右较大，用反手接球技术。

（2）内场手接地滚球

内场手接地滚球时，运动员两脚跨在球前进方向两侧，比肩稍宽，先定轴心脚，后定伸踏脚，两膝关节弯曲90度和稍外展，稍提臀，重心压在两前脚掌上，胸部靠近大腿，右脚向外，与来球方向约成45度。

（3）外场手接地滚球

外场手接地滚球常用的步法有4种。

①半蹲式 接慢速地滚球时采用，步法和内场手接球步法相同；

②站立式 接中速或慢速地波球并急需处理局面时采用。特点是两脚分开较大，可采取单或双手接球，接球后快速做三步接传球步法；

③跑式 这种步法较常用，适用于接快速或中速地滚球。特点是右腿下跪，右膝和右脚跟在一直线上，基本和肩同宽，接球点对着左脚，身体前倾；

④全蹲式 适用于接快速或中速地滚球。特点是两腿全蹲，大腿和小腿相靠，两膝关节外展，两脚跟离地并相靠，臀部贴近两脚跟，身体前倾，接球点在两脚正前方0.2米左右。

⑤高飞球

高飞球分为弧度大和弧度小两种。接高飞球手法是手套五指朝上，双手拇指相靠，右手注意护球。接球前瞬间两手要主动前伸迎接球；接球的同时右手要翻腕护球并缓冲和取球，左手要夹紧球。

具体来说，对于弧度大的来球，其接球点在左额前方，约0.20米左右；弧度小的来球，在胸放接约 0.30 米左右。若正对太阳时，注意双手遮住阳光，同时眼睛观察球路和落点。外场手可戴专门的太阳镜。

高难度接球方式

在篮球运动中，有一些高难度的接球动作，具体包括单手反手接球、前伸接球和坐滑接球等。

（1）单手接慢速地滚球

①情况　单手接慢速地滚球的情况是，来球速度很慢或球停止，又需要及时处理局面时，一般内场手较常用；

②手法　单手接慢速地滚球的手法是接球时，右手掌心向前，五指自然发开，指擦地，顺着或逆着来球方向接球，不要用手直接去抓球；

③步法　单手接慢速地滚球的步法及身体姿势是，两脚跨在来球方向两侧，接球点最好靠近右脚，这有利于快速出手。重心要低，两眼注视球滚动的方向、速度。

（2）前伸接球和坐滑接球

①情况　接这种球的情况是离防守队员前面较远的高飞球，来不及用双手接；

②手法　接这种球的手法，在向前跑过程中，不要过早伸手接球，两手臂要正常前后摆动，在接球时才迅速伸手接球，手臂尽量前伸，五指朝前；

③步法　接这种球的步法，尽量左脚在前接球，这有利于步法调整和快速出手。若前伸已无法接到球，可采用应急办法，即坐滑接球。

（3）单手反手接球

①情况　单手反手接球的情况是来球速度快，较远离身体右侧，用双手接已来不及。这种接球方式的接球点一般在离身体右侧 1.5 米左右的空中球或地球；

②手法　单手反手接球的手法，因球速较快，要注意缓冲，同时眼睛始终注视来球；

③步法　单手反手接球步法是右脚先转动，并使重心过渡到右脚，左脚快速前交叉向右侧跨出一步，同时右转体，使背部对着来球方向，左手快速转向来球向前伸接球。

（4）右扑接球

①情况　右扑接球的情况是来球速度快，远离身体右侧，双脚不蹬离地面接球已来不及。内外场手常采用此技术接远离自己身体的平直球、空中球或地球。右扑接球的接球点离身体右侧2米左右的空中球或地球，远度至少和充分伸展的身体同等；

②手法　右扑接球的手法是，左手反掌，使手套掌心对着来球五指朝右，球进手套的瞬间，注意缓冲，夹紧球；然后顺势收手和左转手套，使球在手套掌心的上面。若是贴地的空中球，接住球后要上提给裁判看清楚是空中球接住的。右手自然弯曲于体侧，半握拳，起身并右手用力撑地并快速取球处理局面。

11. 篮球运动的投篮技术

投篮是在篮球竞赛中，队员运用各种专门、合理的动作将球投进对方球篮的方法。它是篮球赛中得分手段，因此，掌握好投篮技术并不断的提高投篮命中率，对于在竞赛中取胜具有十分重要的意义。

常用方式

投篮时，运动员处于不同的情况，所以投篮也就有了不同的方式。常用的投篮方式有原地投篮、跑步投篮等。

（1）原地投篮

原地投篮是最基本的投篮方法，是行进间投篮和跳起投篮的基础。原地投篮易于保持身体平衡，便于全身协调用力，比较容易掌握。一般在中、远距离投篮和罚球时运用较多。原地投篮又包括双手胸前投篮、双手头上投篮等。

①双手胸前投篮　双手胸前投篮虽然出球点较低，但出手前稳定性好，出手力量大，便于与传球、突破相结合，多用于远距离投篮。

双手胸前投篮的动作方法是双手持球基本同双手胸前传球。两肘自然下垂，将球置于胸前，目视瞄准点，两脚前后或左右开立，两膝微曲，重心落在两脚之间。投篮的动作关键：投篮时，蹬伸踝、膝、髋，双手用力均匀，手腕外翻，手指拨球；

②双手头上投篮　双手头上投篮的出球点高，不易封盖，便于与

头上传球相结合。但是重心高，不便与运球和突破相结合。

双手头上投篮的动作方法是双手持球于头上，肘关节自然弯曲，两脚前后开立，两膝微曲，重心落在两脚之间。投篮时，两臂随下肢的蹬伸向前上方伸出，两手腕同时外翻，拇指、食指稍用力下压，用指端拨球，使球通过拇指、食指、中指指端飞出。球出手后，脚跟提起，身体随投篮出手方向自然伸展。动作关键：手腕外翻，双手用力均匀；

③单手肩上投篮　单手肩上投篮是竞赛中运用比较广泛的投篮方法，是行进间和跳起肩上投篮的基础。这种投篮出手点高，便于结合其他技术动作，能在不同距离和位置上应用；

单手肩上投篮的动作方法　以右手投篮为例，右脚在前，左脚稍后，两膝微曲，重心落在两脚之间。右手五指自然张开，用指根及指根以上部位触球，掌心空出，翻腕托球的后下部，右臂曲肘稍向内收，置球于右肩前上方，上臂与肩关节约成水平，前臂与地面近似垂直，左手扶球的左侧，目视瞄准点。投篮时，下肢蹬地发力，右臂随腰腹伸展向前上方抬肘伸臂，用手腕前曲和手指拨球动作，使球从食指、中指指端柔和飞出。球离手时，手臂要随球跟送，脚跟提起。

（2）行进间投篮

行进间投篮是在快速跑动中接球或运球后做中、近距离投篮时，所采用的一种投篮方法。一般多在快攻结束或突破切入篮下时运用。行进间投篮动作方法很多，但动作结构基本相同，都是由跨步接球起跳、腾空举球出手和落地3个部分组成。

①单手肩上投篮　行进间单手肩上投篮，又称行进间单手高手投篮，它是在竞赛中切入篮下时，常用的一种投篮方法；

行进间单手肩上投篮的动作方法：以右手投篮为例，右脚向前跨一大步时接球，接着上左脚蹬地起跳，右腿曲膝上抬，同时双手举球于右肩前上方。腾空后，上体稍后仰，当接近了高点时，向前上方抬肘伸臂，用手腕前曲和手指拨球力量将球投出；

行进间单手肩上投篮的动作关键是跨步一大二小向上跳，节奏要清楚。出手时，腕、指用力要柔和；

②单手低手投篮　行进间单手低手投篮是在快速跳动或运球超越

对手后，在篮下的一种投篮方法。它具有伸展距离远和出球平稳的优点；

行进间单手低手投篮的动作方法：以右手投篮为例。右脚向前跨出一大步的同时接球，左脚跨第二步时用力蹬地向前上方起跳，右腿曲膝自然上提。腾空到最高点，右手五指自然张开，掌心向上，托球的下部，右臂向前上方伸展，接近球篮时，用手腕上挑和手指的拨动，使球向前旋转进入球篮；

行进间单手低手投篮的动作关键：腾空时身体向前上方充分伸展，举球后保持托球的稳定，腕、指上挑动作柔和协调；

③双手低手投篮　行进间双手低手投篮的动作方法：跑动中跨右（左）脚的同时接球，接着左（右）脚跨第二步并用力蹬地起跳，身体尽量向球篮方向伸展。双手持球，掌心向上托球的下部，向球篮方向伸臂。起跳到最高点，前臂外旋，用曲腕、拨指的力量，使球通过中指、无名指、小指指端，向前旋转飞向球篮；

行进间双手低手投篮的动作关键是，跨步节奏清楚，腾空身体向前上方伸展，出手用力柔和。

（3）反手投篮

反手投篮以从球篮右侧底线突破，到左侧投篮为例。步法与篮下单手肩上投篮相同。第一步要大，第二步要制动向是起跳，控制冲力，同时上体稍向后仰，抬头看篮，将球由胸前直接向球篮方向上举。当右臂快要伸直时手腕沿小指方向向内捻转，用小指、无名指、中指、食指拨球，使球向侧后旋转碰板投篮。

（4）勾手投篮

①特点　勾手投篮以运动员横切至篮下接球用右手投篮为例，右脚跨出接球，同时用力侧蹬，接着左脚向篮下跨出一大步，身体重心下降，上体向左侧倾斜，左脚用力蹬地起跳，右腿曲膝上提，右手持球由胸前经体侧向上做弧形摆动，举球到头侧上方最高点，同时目视球篮用手腕和手指力量使球碰板投篮；

②动作　两脚用力垂直跳，腾空放松平衡好，举球头上要稳定，出手时机掌握巧。

（5）跳投

①特点　跳投具有突然性强，出手点高，不易防守的特点。是当前常见的投篮动作之一，经常与移动、传接球、运球突破等技术动作结合运用；

②动作　双手持球于胸前，两脚前后或左右分开自然站立。上体略前倾，在两脚用力蹬地向上起跳的同时，上体向上伸展，双手举球至肩上方，右手持（托）球，左手扶球的侧方，当身体接近最高时，右臂抬肘向上伸直，最后用手腕、手指的力量将球投出。落地时，双腿曲膝缓冲，准备下一个动作。

（6）运球急停投篮

①特点　运球急停跳起投篮的动作方法　在快速运球中，运用跳步或跨步急停，紧接迅速蹬地跳起的同时，双手抄球上举。当身体腾空接近最高点时，投篮出手，动作同原地跳投；

②动作　运球急停跳起投篮的动作关键　运球、急停、抄球与起跳动作衔接要连贯协调，起跳突然，空中保持身体平衡。

瞄准点

瞄准点是指投篮时眼睛注视的目标，是提高投篮命中率的重要环节。由于投篮有直接命中和碰板命中两种，所以瞄准点也有两种：

（1）直接命中

通常瞄准篮圈距自己最近的一点。这种方法瞄准的是实体目标，在场上任何位置投空心篮都适用，也有主张以篮圈中心为瞄准目标，这个目标与球的落点一致，利于用力。

（2）碰板投篮

是指投篮时将球投向篮板上使球反弹入篮的一点。投篮队员位于与篮板成15度至45度角的区域内，采用碰板投篮效果较好，尤以接近30度角左右的地区最适宜。

出手动作

投篮时球最后出手的动作，是投篮能否准确命中的关键。它直接影响着投篮的方向、力量、弧度和旋转。

出手动作包括正确的投篮手法和全身的协调用力。投篮时全身协调用力要有一定的顺序，整个动作要协调连贯，轻松柔和，掌握好节奏。

出手后，全身随球跟送，手臂自然伸直。通常距离越近，身体其他部分用力越小，多以手腕和手指用力为主；投篮距离越远，身体协调用力越大，对手腕、手指调节力量的能力也要求越高。

投篮手型

投篮时，运动员的手型是不大的。一般来说，投篮的手型一共应该分为两种：软手和硬手。

（1）硬手

这是内线球员常用的手型，这个手型的好处是，依靠五根手指的弹力，拨球出手，球不会太过旋转，但是非常平稳，在近距离和中距离会很稳定，球的弧线会略平，但是命中率会很高，因为球的线路很平稳。这个动作就是传统意义上的空手心投篮。

（2）软手

软手，是说手要很放松，软下来，可以让手掌包括手心在内全部贴在球上，没有空隙，这样可以保证最大的接触球面积，也就是发力面积，手腕压向下到最大，球会有压在手腕上的感觉，而不是手前掌，是手腕也就是手心，所以以手心一定不可以空的。

抛物线

抛物线是指投篮出手后，球在空中飞行的弧形轨迹。以中距离投篮为例，可归纳为低、中、高三种弧线。

（1）低弧线

球的飞行路线较短，力量容易控制，但由于飞行路线低平，篮圈暴露在球下面的面积很小，不易投中。

（2）中弧线

球飞行弧线的最高点大致与篮板的上沿在一条水平线上，球篮的大部分暴露在球的下面，是一种比较适宜的抛物线。

（3）高弧线

球接近于垂直下落，篮圈的面积几乎全部暴露在球的下面，球容易入篮。但球的飞行路线太长，不易控制，实际上会降低命中率。

球旋转

一般来说，球的旋转是影响投篮准确性的因素之一。投篮出手时手腕，手指的动作和力量，决定球的旋转方向和速度。

正确的投篮手法会使球适宜的旋转。一般外围投篮时，都是使球沿着横轴向后旋转。这种不但有利于保持球飞行的稳定性，也有助于对飞行弧度的控制。

在碰到篮圈时，球反弹的方向是向下的，比不旋转的球更容易落入球篮内。在球篮的侧面反手或勾手碰板投篮时，应使球向侧旋转；做行进间单手和双手低手投篮时，则应使球向前旋转。

注意事项

篮球的训练和竞赛中可以有很多不同的投篮方式，但不管哪种投篮方式，有两点是必须做到的：

（1）力量传递　从脚底发力，也就是说虽然是用手投篮，但力量是从脚前掌发起，然后通过脚踝、膝盖、胯部、上体、手臂、手腕，最后力量传递至手指尖将篮球投出。力量的整个传递应该是一个连贯协调的过程；

（2）手臂姿势　应该是上臂与前臂呈90度，而手腕后伸也与前臂呈近90度，并与上臂平行。手指持球的后、下部。投篮时，向上、向前伸臂，向上、向前用力曲手腕，最后用手指将球推出，这样投篮会使篮球产生下旋，碰到篮板或篮框不会产生很大的反弹。

12.　篮球运动的运球突破

突破是持球队员运用脚步动作和运球技术超越对手的一项攻击性很强的技术。竞赛中，掌握好突破时机，合理地运用突破技术，既能直接切入篮下得分，又能打乱对方的防守部署，创造更多的攻击机会，增加对手的犯规。

技术结构

不管何种运球突破，要完成这一动作，都要遵守一些结构。

（1）准确判断

判断准确是运球突破的前提。要做到判断准确，运动员持球时应抬头观察防守者的位置、距离、防守步伐、重心和整个防守布局，以及同伴位置的分布情况，根据实际情况选择突破口。

（2）突破起动

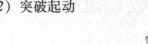

突破起动是持球突破时的关键，队员在某一位置持球突破能否成功，很大程度上取决于突破时起动的快慢，而起动的快慢主要取决两腿蹬地的力量。为此，持球突破时的准备姿势必须是两膝弯曲，上体前倾，重心稍前移。突破时，以腰部和上体的力量发力点，非中枢脚积极有力地向突破方向蹬跨。

（3）加速超越

加速是持球突破技术的重要环节，当持球突破技术的第一步超越或平行于防守者时，必须加速超越对手或使对手处于不利位置。因为持球突破是利用突然起动或在防守者重心不稳的情况下进行的，如果第一步突破后不继续加速，防守者就会以最快进行退防，抢占有利的防守位置，弥补防守中瞬间的过失。从生理学上说，从防守者识破持球者的进攻路线和方向，到采取相应措施进行补防需要一定的时间，持球突破者抓住这零点零几秒时间差，就可以为突破创造有利条件。

（4）保护好球

持球者与空切不同，它必须连人带球一起超越防守者，因此在持球突破中，保护好球是很重要的。持球突破前应曲肘持球远离防守者，以防球防守者抢去或打掉。起动时的运球高度不宜过高，应利用跨出的腿、非运球的手臂、转体和压肩等动作来保护，使球远离防守者。

基本方法

运球突破的基本方法有很多种，常见的有交叉步突破、顺步突破等。

（1）交叉步突破

①方法　交叉步突破的动作方法是以右脚做中枢脚为例。两脚左右开例，两膝微曲，身体重心降低，持球与胸腹之间。突破时，左脚前脚掌内侧迅速蹬地，身体稍右转，左肩向前下压，重心向右前方移动，左脚向右侧前方跨出，将球引于右侧，接着运球，中枢脚蹬地向前跨出迅速超越防守；

②要点　交叉步突破的动作要点：蹬跨积极，转探肩保护球。

（2）顺步突破

①方法　顺步突破的动作方法：准备姿势和突破前的动作要求与交叉步相同。突破时，右脚向右前方跨出一步，向右转体探肩，重心

前移，右手运球，左脚前脚掌迅速蹬地，向右前方跨出，突破防守；

②要点　蹬跨积极，转探肩保护球，第二只脚迅速蹬地积极。

（3）后转身突破

①方法　后转身突破的动作方法是以左脚做中枢脚为例。背向球篮站立，两脚平行开立，两腿弯曲，重心降低，两手持球于腹前。突破时以左脚为轴转身，右脚向右侧后方跨步，上体右转，脚尖指向侧后方，右手向右脚前方放球，左脚前脚掌内侧迅速蹬地，向球篮方向跨出，运球突破防守；

②要点　要控制重心平稳。右脚向右侧后方跨出时的脚尖方向要正确，左脚前脚掌内侧蹬地积极有力。

（4）前转身突破

①方法　前转身突破的动作方法是以左脚做中枢脚为例。突破前的准备动作于后转身准备动作相同。突破时重心移至左脚上，右脚前脚掌内侧蹬地，左脚为轴，右脚随着前转身而向球篮方向跨出，左肩向球篮方向压，右手运球后左脚蹬地，向前跨出，突破对手；

②要点　移重心，蹬地运球动作连贯。

把握持球突破时机

持球突破，是持球队员利用灵活合理的脚步动作和逼真的假动作，结合运球去超越摆脱对手的一种攻击性很强的技术。在篮球竞赛中，进攻队员往往处于主动状态，而防守队员则处于被动状态，作为1名进攻队员得球后要想最快的突破对手的防线，就应该充分利用这一变化去创造和把握时机。

（1）有目的的移动创造时机

作为要持球突破的队员，在没有接球之前，尽量使防守队员随自己移动．通过自己跑动的快慢变化，以及变向和转身等动作，带动防守队员做被动的移动。另外也可以通过同伴掩护等帮助，为接球后的突破创造良好时机。

（2）接传球后的第一时间

一般来说，接传球后的第一时间为最佳突破时机。进攻队员在未接球之前先对场上情况做一观察，判断出进攻方法和路线，接到球后不要急于运球，因为这一时间是突破的最佳时机。即当进攻队员接到球后一瞬间，可任意选择运球、传球或投篮，处于主动优势，而跟防队员对持球队员的下一动作难以作出判断，完全处于被动状态。

此时持球队员应该立刻根据来防对手的跑位或站位，迅速利用原地各种假动作迷惑对方，迫使对手在移动中被动的随自己的动作而做出相应反应，造成对手出现防守漏洞，持球队员可及时运球突破对手。

（3）利用步法超越防守队员

这里所说的超越，是指持球队员在运球过程中，当防守队员出现瞬间的防守失误时，应迅速加大步法的跨度及时抢跨到有利位置，从而突破对手。

当第一时机没有把握或被对手及时防守后，此时则要求持球队员在运球中，利用熟练的运球技术做各种假动作，如运球急停急走、胯下运球变向、带球转身、背后运球等动作带动防守队员随之移动，当对方步法或身体位置出现失误时，运球者应利用合理的步法及时去超越对手，或者靠同伴的帮助用掩护来突破对手。

13. 篮球运动的抢篮板球技术

球场上经常出现投篮不中、球碰到篮圈或篮板反弹出来的现象。当这种情况发生时，两支球队均可抢球。在现代篮球竞赛中，抢篮板球是一个十分重要的技术，如果一个球队中没有什么好的抢篮板的人才，那么这个球队在竞赛之中就会位于十分不利的地位。

技术分析

抢篮板球是一项较复杂的技术，它是由抢占位置、起跳、空中抢球动作和得球后的动作等环节组成。

（1）抢占

抢占有利位置是抢篮板球技术的关键环节。要根据投篮的方向、距离、弧度判断球未中反弹的落点以及观察对手的动向，快速移动抢占有利位置。不论是进攻队员还是防守队员，在抢篮板球时，都应积极抢占球篮与对手之间的位置，把对手挡在身后。同时注意球的落点及对手动向，准备起跳抢球。

（2）起跳

　　在抢占位置的同时，要做好起跳的准备。两膝微曲，上体稍前倾，两臂稍曲置于体侧，重心落在两脚之间。注意观察判断球反弹的方向和落点，及时起跳力争在最高点将球抢获。

　　防守队员抢篮板球，一般多采用原地上步、撤步或跨步双脚起跳方法。进攻队员抢篮板球则多采用助跑单脚起跳或跨一两步双脚起跳方法。起跳的关键是要准确判断球反弹的方向和落点，及时起跳，这样才能在最高点抢到球。

　　（3）抢球

　　起跳在空中抢球时，应该用背或肩挡住对手，双手在头上张开，根据进攻或防守的位置和球反弹方向，采用双手、单手和点拨球等方法进行抢球。

　　①双手抢篮板球　跳起在空中时，腰腹用力控制身体平衡，身体充分伸展尽量占据空间面积，两臂用力伸向球落点的方向，当身体和手到达最高点时，双手将球握紧，腰腹用力，迅速收臂将球拉回身前，两肘稍外张注意保护球；

　　②单手抢篮板球　起跳后身体和手臂在空中充分伸展，抢球手臂伸向球的落点，当身体达到最高点指端触球时，用捻指、曲腕、曲肘动作，迅速握住球，将球拉回胸前，另一手迅速护球；

　　③点拨球点拨球　与单手抢篮板球相似。当遇到身材较高大或球的落点离自己较远而不易获球时，可用指端点拨球的侧下方，将球点拨给同伴，或将球挑拨到便于自己接获球的位置。

　　（4）得球

　　得球后落地要稳，保持身体平衡，注意保护球。进攻队员抢到篮板球后应及时投篮或在空中直接补篮。如无投篮机会应迅速传出或运出，重新组织进攻。防守队员抢到篮板球，最好在空中即将球传出。如果空中不能传球，落地后应侧对前场，观察场上情况，先看远处，后看近处，迅速将球传出，或运球突破后及时传球。

　　注意事项

　　抢篮板球有很多值得注意的问题，具体如下：

　　（1）拼抢精神

　　培养"有投必抢"的良好意识和勇猛顽强的拼抢精神，永不放弃；

（2）技巧培养

先判断抢位，而后再争夺球，并注重拼抢技巧的培养；

（3）贻误战机

控制篮板球后，要尽快衔接下一动作，以免贻误战机。

动作方法

抢篮板球的技术动作方法可以分为进攻一方的方法和防守一方的方法。

（1）进攻队员抢篮板球

进攻队员抢篮板球的动作方法，进攻队员一般位于防守队员外侧，处于不利于抢篮板球位置。因此，进攻队员抢篮板球要突出一个"冲"字。当同伴或自己投篮时，近篮的进攻队员首先要准确判断球的落点，运用身体虚晃的假动作，摆脱防守队员的阻挡，绕、跨、挤到对手的前面或侧前方，抢占有利位置，借助跨步或助跑起跳补篮或抢篮板球。

（2）防守队员抢篮板球

防守队员抢篮板球的动作方法是，防守队员处于抢篮板球的有利位置，位于进攻队员内侧，一般多采用"挡抢"。首先应保持正确的站位姿势，两膝微曲，上体稍前倾，重心落在两脚之间，两臂曲肘侧张占据较大的面积。

当对手投篮出手后，首先应注意对手的动向，并根据与对手的位置，运用上步、撤步和转身抢占有利位置，把对手挡在身后，与此同时，观察判断球的落点准备起跳。起跳时前脚掌用力蹬地，向上摆臂并提腰，手向球的落点方向伸展，跳至最高点触到球时，用双手、单手抢球或将球点拨给同伴。如在空中抢到球未能传出，落地时应保持身体平衡和保护球，及时运用传或运转守为攻。

14. 篮球运动的移动技术

移动是在竞赛中为了争取攻守主动所采用的各种脚步动作的总称。移动的基本目标就是攻守双方努力争取时间上、位置上和空间上的优势。随着运动水平的不断提高，对移动质量的要求逐渐升级，成为评价篮球意识的最重要组成部分之一。

技术分析

移动技术有多种，但不管采取哪种方式，移动的动作结构都主要是以踝、膝、髋关节为轴的多个运动动作合理组成的。

（1）速度和突然性

衡量各种移动质量的最关键指标就是看完成动作的速度和突然性。篮球场上又特别强调起动和制动的突然性。而对于人的任何移动，首先都必须通过脚前掌的蹬碾地并依靠地面给人的反作用力来获得动力，同时配合人体重心和腰腹、手臂等的协调配合来实现。较低的身体重心能减小蹬地发力的角度从而获得更大的水平分力，而这个水平分力正是我们移动的动力。因此，要想提高移动速度，必须要时刻保持身体重心低且靠前、落在前脚掌上，以便随时能够快速蹬地发力，迅速起动。

（2）控制身体重心

在整个移动过程中，要控制好身体重心，尽可能地保持好身体重心在较低姿势下的平稳移动，不要在移动过程中有明显的身体起伏，以便更好地衔接下一个动作。移动的质量受到遗传、生理、身体素质、技巧等多方面因素的影响。

主要动作

篮球移动技术是多种动作构成的，主要包括跑、跳等。

（1）起动

就是突然加速，具体动作就是右脚蹬地、左脚迈出第一步进行突然加速。面对防守者向两边的侧前方突然起动时，最好能在起动前有虚晃的动作，让对手无法判断自己的起动时机与移动路线，更好地摆脱对手的纠缠。

（2）奔跑

跑的种类很多，篮球场上的各种跑与通常的跑区别不大，关键是要随时注意场上的球、对手、队友等的情况变化。突然、及时地出现在最需要、最合适的位置。

①放松跑 篮球竞赛中，在一些情况下需要放松的跑动。例如，

从容的到空位置上做好攻守准备、突然转入下一个动作更好的达到攻守的目的或是竞赛中为了掌握节奏等。放松跑的特点是：中等速度跑动，步幅不大落地轻松，两臂自然弯曲，放松的摆动；

②变速跑　队员在跑动中利用速度的变换来完成攻守任务的方法。进攻队员为了摆脱防守利用突然的加速或减速破坏防守者的正确防守位置，争取主动。防守队员也可以及时的变换速度来防住对手，避免被动，不管进攻或防守，变速跑时动作要突然；

③变向跑　运球时经常运用，防守中也可用来堵截进攻。以从右向左变向跑为例，变向跑时，最后一步曲膝着地同时，脚尖稍向内扣，右脚脚前掌内侧用力蹬地，随之腰部扭转，上体向左前倾，转移重心，左脚向左前方跨出一小步用力蹬地，右脚迅速随着向左侧前跨出一大步，继续加速跑；

④侧身跑　为了在跑动时更好的观察场上情况，经常采用侧身跑。动作方法是向前跑动的同时，头部和上体放松的扭转向球的方向，既要保持速度，又要注意观察场上的情况；

⑤后退跑　队员由进攻转入防守时，为了及时观察对方进攻情况，经常运用后退跑。后退跑时，用两脚的前脚掌交替蹬地提膝向后跑动。注意提起脚踝，上体放松微向后倾，两臂曲肘相应摆动，保持身体平衡，抬头注意场上情况。

（3）起跳

主要指向各个方向的助跑及原地起跳等，与通常的跳跃不同的是：篮球场上需要随时随地能向各个方向（前、后、左、右、垂直）跳起及连续跳跃的能力，并且这些起跳往往是在对手的干扰、对抗和破坏下完成的。

①双脚起跳　起跳前，两脚开立约同肩宽，两膝快速弯曲下蹲，两臂相应后摆，上体稍前倾。起跳时，两脚用力蹬地，伸膝，提腰，两臂迅速向前上方摆，使身体向上腾起。上体在空中自然伸展，腰部用力保持平衡。落地时，用脚前掌先着地，并曲膝缓冲下落的重力，保持身体平衡，以便衔接下一个动作。双脚起跳多在原地运用，也可以在上步、并步、跳球或助跑情况下应用；

②单脚起跳　起跳时，踏跳脚脚跟先着地，迅速过渡到脚前掌用

力蹬地，同时提腰摆臂，另一腿快速曲膝上提，当身体达到最高点时，摆动腿自然伸直与起跳腿合并。落地时，双脚要稍分开，注意曲膝缓冲，以便衔接其他动作。单脚起跳多在助跑情况下运用。

（4）急停

分为跨步急停和跳步急停。持球急停时，要控制好身体重心、明确中枢脚，以防止由于重心不稳或变换中枢脚而造成的走步违例。常用的急停有以下两种：

①跨步急停　即两步急停，队员在快速跑动中先向前跨出一步，用全脚着地抵住地面，迅速曲膝，同时身体稍向后仰，转移重心，减缓向前的冲力。然后再跨出第二步，着地时脚尖稍向内转，用脚前掌内侧蹬地，两膝弯曲，身体侧转，微向前倾，重心在两脚之间的上方，两臂自然张开，协助维持身体平衡；

②跳步急停　即一步急停，队员在近距离慢跑中，用单脚或双脚起跳，上体稍向后仰，两臂自然摆动，两脚同时平行落地。落地时用全脚掌着地，两膝弯曲，两臂肘微张，保持身体平衡。

（5）滑步

滑步是防守移动的一种主要方法。它易于保持身体平衡，可向任何方向移动。滑步可分为原地滑步、侧滑步、前滑步、后滑步等几种。

①原地滑步　原地滑步的动作过程：左脚提踵，身体重心落在前脚掌上，在左脚压脚跟后右脚伸直向后滑行一足之距，接着脚尖离地后，曲腿向前移行至原位，右脚提踵，同时右脚脚跟，接着完成右脚为支撑脚、左脚向后滑行的动作。两脚交替进行原地滑步；

②前滑步　前滑步的动作过程：首先左脚腿伸直朝脚尖方向前滑一步，接着左脚提踵，右脚伸直并朝足尖方向滑一步。此时左脚压脚跟，右脚完成提踵动作，两脚交替向前滑行；

③后滑步　后滑步可以分为压脚跟后滑步、提踵后滑步；

压脚跟后滑步的动作过程　左脚提踵，在压脚跟时，右脚伸直，全脚掌向后平滑。当右足尖滑至左脚跟处时，使脚尖点地，脚跟提起，脚背与地面垂直，接着右脚压脚跟，左腿伸直全脚掌向后平滑，使足尖滑至右脚跟处，使脚尖点地，左脚跟提起，脚背与地面垂直，左右脚交替完成后滑动作；

提踵后滑步的动作过程　左脚为支撑脚右腿膝关节伸直,全脚掌后滑至左脚脚跟处,同时左脚提踵。左腿膝关节伸直全脚掌后滑至右脚处,同时右脚提踵。左右脚交替后滑;

④横滑步　横滑步有多种,主要是压脚跟横滑步、双提踵横滑步等;

压脚跟横滑步　脚尖朝左,提踵同时足跟靠拢右脚跟处,当左脚压脚跟时,右脚伸直,全脚掌向右平滑一步脚尖向前,可以向右连续完成横滑动作;

双提踵横滑步　以向右横滑为例,双提踵横滑的动作过程:人体重心向右移动,当向右挺胯时两脚跟提起,以右脚带动左脚向右移动一足之距,使两脚跟提踵靠拢,右脚再向右横移一步,还原成预备姿势;

⑤交叉横滑步　以向右横滑为例,交叉横滑步的动作过程:左脚提踵,脚跟靠近右脚跟处。在左脚压脚跟时,右腿伸直,全脚掌向右横滑一步。接着两脚前脚掌迅速地使脚尖超内。当左脚在右脚前交叉一步时,两脚前脚掌继续碾地,使左脚尖超左同时提踵,这时右脚尖已转向正前方,准备开始第二次交叉横滑步;

转身横滑步　转身横滑步的动作过程:左脚提踵同时使足尖超左,当左脚脚跟向右脚阻弓靠拢时,左脚压脚跟,右腿伸直向左横滑一步。此时左脚跟触地,右脚提踵,左脚伸直转动至右脚尖旁,身体向右后方转体 180 度,接着右脚跟触地,左脚提踵,右腿伸直向右横滑一步;

菱形滑步　按横滑步动作要领结合转身动作进行菱形滑步。滑步时转体要灵活,可按顺时针方向完成菱形滑步。转身滑步时可结合身体和手臂的动作。

(6) 转身

转身是队员以一脚做中枢脚,另一脚蹬地向前向后跨出,改变原来的身体方向和站位以及改变与对手位置关系的一种方法。一般说来,转身可分为前转身和后转身。

①前转身　常用于队员背对进攻方向或防守时。移动脚向自己身前跨出的同时,中枢脚旋转使身体改变方向的方法;

②后转身　移动脚向自己身后跨出的同时中枢脚碾地旋转使身体

改变方向的方法。后转身可以在原地和行进间进行。

（7）碎步

①概念　又称滑跳步，是防守移动步法之一。在平步防守时运用较多，多用于外线防守；

②动作　两脚左右开立，略宽于肩。两膝保持弯曲，不停顿地用脚前掌蹬地，用小而快的步法向左、右、前、后移动。如向右移动时，右脚借助蹬地的力量向右移动半步，左脚紧跟右脚滑动半步，保持平步防守姿势，上体不要起伏。

（8）后撤步

①概念　后撤步是将前脚移动变为后脚的一种方法。防守队员为了保持有利位置，特别是当进攻队员从自己前脚外侧持球突破或摆脱时，常用后撤步并与滑步、跑等结合运用进行移动；

②动作　做后撤步时，用前脚的脚前掌内侧蹬地，同时腰部用力向后转动，后脚碾蹬地面，前脚快速后撤，紧接滑步，调整防守位置。后撤角度不宜过大，身体不要起伏。

（9）攻击步

①概念　攻击步是防守队员突然跨步前蹿，进行抢球、打球或破坏对手接球、传球、投篮等攻击性的一种步法；

②动作　做攻击步时，后脚猛力蹬地，前脚突然迅速向前跨出逼近对手。落地时，重心略前移，前脚同侧手臂前伸做干扰和抢截性防守动作。

15. 篮球运动的抢断球技术

抢断球是篮球的基本技术之一，抢断可以夺走对手的进攻机会，可以带动一次快速反击，可以使自己的球队打出一轮高潮。因此，抢断球非常受运动员重视。

抢断种类

常见的抢断球可以分为横断球、纵断球两种。

（1）横断球

横断球　是从侧面跃出截获进攻队的传球。如向右侧断球时，身体重心下降准备起动，重心迅速向右移，以短而快的助跑，单脚或双脚用力蹬地跃出，身体伸展，两臂前伸，用双手或单手将球截获。

（2）纵断球

纵断球是从对手背后或侧后方突然用绕前断球时，右腿先向前跨第一步，然后侧身跨左脚绕到对手身前，同时重心前移，左脚或双脚用力向前跃出，身体伸展，两臂前伸将球截获。

影响因素

在篮球竞赛中，抢断的成功率主要有几个因素影响：

（1）高低比较

抢断属性的高低，越高抢断的成功率越高，和对方运球属性的高低，对方越低抢断的成功率越高。

（2）对方状态

对方的状态，对方运球跑动时你的抢断成功率最高，其次是对方站立不动原地运球时，最低的就是对方在原地用双手抱着球的时候。

（3）位置确定

位置最高的是面对面的时候，其次是侧面，越接近正面成功率越高，最后是对方的后面，但是如果对方是运球跑动状态是和对方距离近的时候成功率也是不低的。

（4）距离远近

和对方的距离远近的因素，一定要掌握好和对方的距离，越近越好，太远的话无论是在什么情况下，抢断的成功率都是很低的。

技巧动作

如何才能提高抢断的成功率，可以参考一下一些建议：

（1）进行紧逼

每个球员都有自己习惯的运球手，应紧逼他最习惯的一侧，迫使他背对着你，同时也背对着篮筐。

（2）迅速移动

一旦他转身背对你，你就应紧紧贴住他，并稍稍下蹲，这样你可以向自己的任何一侧迅速移动。同时，还应张开双臂，手掌摊开并要放松，这样一旦有机会便可以出手断球。

（3）最佳时机

　　只要对手伺机传球，你便可以下手。虽然自始至终他对你都保持高度警惕，防止球被你捅掉，不过，因为要寻找自己的传球伙伴，他总会有一瞬间无法对你集中注意力，他企图传球的一刹那正是抢断的最佳时机。你可以突然伸手将他的球拍落，然后把球捞回来。

　　需要注意的是，这种动作非常危险，很容易被裁判吹成犯规。因此，你最好先将球捅掉，即使你无法得到篮球，没准你的同伴会候个正着。

16. 篮球运动的基本战术

　　篮球战术是篮球运动中的宏观概念，是指导已经掌握了篮球基本技术的篮球运动员更好的参加竞赛的行动指南，它主要包括进攻和防守两个大的方面。

防守战术

　　防守在篮球运动中具有非常广泛的运用。篮球的防守战术可以包括基本配合和具体方式两个部分。

　　（1）防守的基本配合

　　防守基础配合是二三个防守队员利用合理的技术、协调的动作破坏进攻的一种方法。配合方法：防守配合包括挤过穿过绕过、交换防守、关门、补位和夹击等配合。

　　①挤过配合　挤过是破坏掩护配合的方法之一。当对方掩护，防守队员在掩护队员接近自己时，要迅速向前跨出一步，靠近对手，从两个进攻队员之间侧身挤过，继续防守自己的对手。防守掩护的队员应及早提醒同伴并后撤一步，以备补防；

　　②交换配合　交换防守配合是破坏掩护配合的一种方法。进攻队员利用掩护已经摆脱防守时，防掩护的队员及时发出换防的信号，与同伴互换各自的对手。在适当时候在换防原来的对手；

　　③关门配合　关门配合是两个防守队员协同防守突破的配合方法。当进攻队员运球突破时，防守突破的队员向侧后方移动挡住其移动路线，临近突破一侧的防守队员，应及时快速向突破队员的前进方向移动，与突破的队员靠拢，像两扇门一样关起来，堵住进攻者的前进

路线；

④补防配合　补防配合是两个防守队员之间的一种协同配合方法。当同伴被突破时，临近的防守队员立即放弃自己的对手，去补防那个威胁最大的进攻者，漏人的防守队员则要及时换防；

补防配合要求　补防时动作要快速，果断。其他防守队员要及时换防威胁最大的进攻者；

⑤夹击配合　夹击配合是两个防守队员防守一个进攻队员的一种配合方法；

夹击配合要求　当对方运球停止和持球队员处于各个场角时，要果断夹击，并积极挥动手臂，封阻其传球路线，不要盲目抢、打球、尽量避免不必要的犯规。

（2）防守具体战术

篮球的防守战术是从有利于破坏对方进攻战术而确定的针对性防守战术，可分为以下几种。

①快攻防守　快攻防守的战术原则应是提高进攻成功率，拼抢进攻篮板球，减少对方可能发动快攻的次数；堵截发动快攻的第一传和接应第一传；防堵进攻队快下的队员；提高 1 防 2、2 防 3，以少防多的能力；运动员在进行防快攻时，要注意一下一些要点：

掌握要点　防快攻的发动与接应　首先，要提高进攻的成功率，减少失误；积极争抢篮板球。其次，封堵对方的一传和接应，破坏和干扰其传球或突破；

防快攻的推进　在封堵一传和接应的同时，其他队员应快速退守并保持有利的防守队形，控制对手快速推进，阻挠其传球与运球，达到减慢推进速度的防守目的；

防快攻的结束　经常出现以少防多的局面，只要防守队员积极退守，里外兼顾，左右照应，准确判断出击断球和打球时机，也能造成对方失误或延误进攻速度，争取同伴们回防；

配合要点　合理地运用封、夹、抢、断球等手段，尽最大的努力破坏、减少对方发动快攻，后线防守队员退守速度要快，前线防守队员在控制对方发动快攻后也要快速退守，同时提高以少防多的能力。

②盯人防守　人盯人防守战术就是每个防守队员守住一个进攻队

员，在防住自己对手的基础上相互协作的全队防守战术；

防守特点　人盯人防守的特点是防守分工明确，能有效地抑制对手的中远距离投篮。但同时对个人防守能力和体力的要求较高，内线防守相对较弱；

防守分类　根据防守的区域可分为半场人盯人和全场人盯人防守；根据盯人的松紧程度又可分为松动人盯人和紧逼人盯人防守；

运用时机　防守的时机是非常重要的，运动员在进行人盯人防守时，要注意一下方面；

遭遇战时作为摸底的一种战术。对手中远距离投篮命中率较高而内线相对较弱时。本方个人防守能力强、体力较好时。对方不适应或作为战术变化时；

在进行人盯人防守时，运动员要做到以下几条：防守时应以人（各自防守的对手）为主，人球兼顾，时刻注意人、球、对手、篮圈等的方位，随时调整自己的防守位置，并注意协助同伴防守，干扰和破坏自己附近的球和进攻队员。全队要有良好的配合意识，思想统一，配合默契，前后呼应，行动迅速，积极抢占有利位置，争取在气势上占据主动。防守无球队员时，以防止或减少对手接球为主，特别要防止对手在有威胁的区域内接球，人球兼顾，及时准备补防和断球；

防守持球队员时，首先要防止对手的投篮和突破，干扰其传球。对手运球时，要迫使其向边、角方向移动并使其停球。对手停球后，要立即贴近进行紧逼防守，封堵传球。在整个防守有球队员的过程中，要积极利用抢、打、封、抹、盖等技术和各种假动作，破坏和夺取对方的控球权；

在进行人盯人防守时，运动员还有一些问题要注意：在个人防守的基础上，注意全队的协作，及时补防和轮转。严密防守各自对手的同时，要明确全队的防守重点，并有所侧重。尽量减少个人的犯规次数，注意保存体力；

③联合防守　即在半场按一定阵形落位，每人有明确分工防守一个区域，同时又进行联合防守。常用的联防阵形有"2—1—2"、"2—3"、"3—2"、"1—3—1"和"1—2—2"等；

区域联防特点　区域联防的特点是在每个人防守一定区域的基础

上，随着球的转移和进攻队员的穿插移动而不断地调整防守的位置和队形（也简称为球动人动，人随球动），重点防守有球区域和篮下。这种防守战术的位置固定，分工明确，重点突出，有利于保护篮下、组织后场篮板球和发动快攻。但由于受区域分工的限制，各种联防都存在一定的薄弱区域，容易被对方在局部区域以多打少；

区域联防运用 区域联防具有很强的威力，但并不是在任何时候都运用。关于区域联防的运用，要注意一下几点：对方中远距离投篮不准而内线威胁较大时。对方个人突破能力强而本对个人防守能力不足时本队犯规较多而为保存实力时。对方不适应或有策略地改变防守战术时。对方比分落后而急于求成时。为了有组织地争抢篮板球和发动快攻时；

区域联防要求 区域联防是有一定要求的，要完成这种防守，队员需要注意，根据区域联防的形式和队员、对手的特点等合理分配防守区域，最大限度地发挥队员在各自防区的作用。由攻转守时，除积极阻止对方的攻势外，应有组织地快速退守和及早落好防守位置。每个队员必须认真负责各自的防守区域，积极阻挠进入该防区的进攻队员的行动，并根据球的方位调整队形进行联合防守；

对有球队员应按盯人方法紧逼防守，其余防守队员应积极移动，调整队形进行协防或补防，作到人球兼顾。对无球队员的穿插移动，要根据其离球的远近和队友的位置积极抢位、堵截和护送，并及时与队友呼应联系，不让对手向有威胁的区域移动或接球。远离球的防守队员应起指挥作用。进攻队员投篮后，每个防守队员都应该积极堵位和抢位，有组织地争抢篮板球，并及时发动快攻；

④混合防守 分为两种，一种是半场防守时盯人和联防混合运用，其布阵形式有3人联防2人盯人、2人联防3人盯人、4人联防1人盯人或4人盯人1人固守篮下等；另一种是在1个回合防守中变化2或3种防守形式，例如前场和中场用全场紧逼人盯人或区域紧逼人盯人防守，后场改用半场联防，又突然从半场联防变为半场紧逼人盯人防守，以此破坏对方的进攻节奏和战术配合。

进攻战术

进攻战术一般是根据对方的防守战术而采用的针对性进攻战术，

所以战术内容可以分为配合方式、进攻方法等几个部分。

（1）进攻方式

篮球是一项集体运动，它的进攻需要队员集体配合，结合配合方式，篮球进攻技术分为很多种。

①传切配合　传切配合是队员利用传球和切入组成的简单配合。

配合要点　是切入队员要掌握好切入时机，利用好假动作和速度；传球队员注意用假动作吸引牵制对手；

易犯错误　切入时动作的突然性不够；切入时没有明显的动作、方向和速度的变化；持球队员给切入队员的传球不及时、不到位，隐蔽性不强；

②长传快攻　长传快攻只有发动和结束阶段，它最大的特点是结构简单，速度快，参加的人数少和成功率高。但由于传接球距离较长，传球的准确性比较难控制；

此外，篮球的进攻技术还包括单中锋进攻法、双中锋进攻法、"8"字掩护进攻法、移动进攻法等。

（2）进攻战术

篮球的进攻战术有很多种，主要可分为以下几种。

①防守快攻　防守快攻是由攻转守的刹那间，快速度抢占有利的防守位置，利用强有力的个人防守行动和配合，达到限制对手的速度、破坏对方攻防守快攻击，使对方转入阵地进攻的一种防守战术；

防快攻的发动与接应　首先，要提高进攻的成功率，减少失误，积极争抢篮板球。其次，封堵对方的一传和接应，破坏和干扰其传球或突破；

防快攻的推进　在封堵一传和接应的同时，其他队员应快速退守并保持有利的防守队形，控制对手快速推进，阻挠其传球与运球，达到减慢推进速度的防守目的；

防快攻的结束　经常出现以少防多的局面，只要防守队员积极退守，里外兼顾，左右照应，准确判断出击断球和打球时机，也能造成对方失误或延误进攻速度，争取同伴们回防；

配合要点　合理地运用封、夹、抢、断球等手段，尽最大的努力破坏、减少对方发动快攻，后线防守队员退守速度要快，前线防守队员在控制对方发动快攻后也要快速退守，同时提高以少防多的能力；

②进攻防守　进攻半场人盯人防守战术是由各种传切、突分、掩护、策应等基础配合而组成的全队进攻战术。

基本要求　由守转攻进入前场后，应合理地组织进攻队行，迅速落位，要充分利用基础配合极其变化来创造攻击机会，扩大攻击面，增多攻击点，加强进攻的攻击性。根据对手的防守情况，攻击薄弱环节，造成防守的漏洞，注意配合的位置和时机，加强进攻的针对性和灵活性，组织拼抢抢篮板球，注意攻守平衡，保证攻守转换的速度；

配合方法　进攻半场人盯人防守的配合方法：单中锋进攻法、双中锋进攻法、"8"字掩护进攻法、移动进攻法、反掩护通过中锋策应进攻法等；

③区域联防时的进攻战术　应首先采用快攻突击。对方联防布阵之后，则要针对防守阵形的薄弱地区决定进攻落位阵形，例如用"1—3—1"落位进攻"2—1—2"和"2—3"联防；用"2—1—2"落位进攻"1—3—1"联防；

进攻联防时的配合，有时采用快速而有节奏的传球，破坏防守阵形，利用出现漏洞的机会进行投篮，或运用插角、溜底线空切，形成局部防守队员负担过重，以多攻少，也可用中锋策应、掩护和突破分球配合，打乱对方防守阵形，进行攻击；

④全场紧逼人盯人防守时的进攻战术　应多采用无球掩护配合，斜插中路策应配合和拉空后场运球突破；

⑤全场区域紧逼防守时的进攻战术　应多采用随球跟进向回传球、空切反跑、中路策应和侧对防守人、慢速运球将球安全推进到前场等配合，少用快速运球突破，以免被夹击断球；

⑥混合防守时的进攻战术　被盯人防守的进攻队员，应主动利用同伴作定位掩护，或给同伴作掩护配合，以摆脱防守者，创造有利的投篮机会。

17. 篮球竞赛规则

篮球规则指篮球竞赛的各种规则。篮球运动在全世界范围内得到

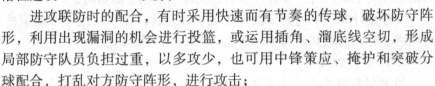

了广泛的普及和深入的发展。为使该项运动永远具有吸引力和生命力，并在持续的发展中得到统一和规范，国际篮球联合会近年来不断地对《篮球规则》进行了修改。

时间规则

时间规则主要是关于半时竞赛、操纵竞赛计时钟等方面的一些规定。

（1）竞赛的时间

正式竞赛可分成以下几个部分：一场竞赛两个半时，每半时 20 分钟。竞赛分四节，每节 12 分钟。第一和第二节、第三和第四节中间的休息时间分别为 2 分钟，半时间的休息时间为 10 分钟或 15 分钟。

（2）操纵计时钟

操纵竞赛计时钟包括开始和停止两种情况。

①开始计时　在竞赛中，出现下列情况要开动竞赛计时钟：跳球中，球抛到最高点后被跳球队员合法地拍击时，罚球未成功继续竞赛，当球触及场上队员时，掷界外球后，当球触及场上队员时；

②停止计时　下列情况要停止竞赛计时钟：在半时或一节结束的时间终了时，当裁判员鸣哨时，当 30 秒钟信号发出时。

（3）30 秒钟规则

30 秒钟规则是指当 1 名队员在场上控制一个活球时，该队必须在 30 秒钟内完成投篮。

①违反后果　控制球队在 30 秒钟内未投篮，要发出 30 秒信号的声响，违反本条规则为违例；

②30 秒的计算　竞赛中，按下列规定操纵 30 秒钟装置：

开动　1 名队员在场上一旦获得控制活球，就要开动 30 秒钟装置；

结束　一旦球队控制球结束，该装置就要停止；

复位　只有当队员在场上重新控制球，新的 30 秒周期开始时，30 秒钟装置才复位和重新开始；

③碰球处理　如果竞赛停止是由于非控制球队队员的行为，将判给控制球队一个新的 30 秒周期，如球仅仅被对方队员触及，球仍由原队控制，不开始新的 30 秒周期；

④停止情况　下列情况停止 30 秒钟装置，但不重新设定 30 秒周期：

出界　球出界由原控制球队的队员掷界外球时；

保护　裁判员中止竞赛以保护控制球队的受伤队员时；

继续　由于控制球队的行为而停止竞赛时。掷界外球后，一旦该队队员获得控制球时，30 秒钟计时员就要从时间中断处继续计时；

⑤决定情况　由于任何其他原因，裁判不给控制球队一个新的 30 秒周期，除非裁判员判断某队已被置于不利，在那种情况下，裁判员不要判给控制球队一个新的 30 秒周期。

（4）竞赛中暂停

在篮球竞赛中有暂停的规定，要实施暂停，需要遵守一些规定。

①暂停的规定　按下列规定，球队持续 1 分钟的暂停要登记。

请求　对于 2×20 分钟的竞赛，每队每半时的竞赛时间内可以准许请求 2 次要登记的暂停，每一决胜期内准许 1 次；

准许　对于 4×12 分钟的竞赛，每队每半时（两节）的竞赛时间内可以准许请求 3 次要登记的暂停，每一决胜期内准许 1 次；

重新　如果要登记的暂停时间未到，而请求暂停的队已做好了竞赛的准备，主裁判员要尽快重新开始竞赛；

离开　暂停期间允许队员们离开竞赛场地，坐到球队席上；

②暂停的程序　暂停的实施要遵守一定的程序要求：

请求　教练员或助理教练员有权请求要登记的暂停。他要亲自到记录员处用双手做出规定的手势，明确地提出暂停请求；

信号　一旦球成死球并停止竞赛计时钟时，记录员就要通过他的信号通知裁判员某队的暂停请求；

重新　记录员通知裁判员暂停请求的信号必须重新进入竞赛状态前发出；

发出　如果裁判员正在向记录台报告一起犯规，在他报告完毕后发出信号。

竞赛规则

篮球竞赛胜负的决定是在竞赛时间内得分较多的一队为胜队。在竞赛的规定时间内，篮球竞赛还有一些具体的规定。

（1）竞赛开始

关于篮球竞赛开始的规则，主要有如下一些：

①队员　如果某队在场上准备竞赛的队员不满5名，竞赛不能开始；

②跳球　竞赛要在中圈内跳球开始；

③持球　当主裁判员持球步入中圈执行跳球时，竞赛正式开始；

④程序　每一节竞赛开始要按上述第二款和第三款的程序进行；

⑤交换　所有竞赛的下半时，双方队要交换球篮。

（2）球的状态

①竞赛状态　下列情况表明球进入竞赛状态：

跳球　裁判员持球进入中圈执行跳球时；

罚球　裁判员持球或不持球进入罚球区执行罚球时；

处理　当掷界外球，队员可处理球时；

②成为活球　下列情况表明球成活球：

合法　跳球中，球到达最高点后被1名或双方跳球队员合法拍着时；

处理　裁判员将球置于罚球队员可处理时；

接触　掷界外球后，球接触场上队员时；

③成为死球　下列情况表明球成死球：

合法　任何合法中篮时；

鸣哨　球成活球或球进入竞赛状态，裁判员鸣哨时；

罚球　对于下列情况的罚球，球明显不会中篮时，该罚球后还有罚球，该罚球后还有罚则；

时间　每半时或每节时间终了时。

（3）跳球

裁判员在双方各1名队员之间将球抛起，跳球即开始。在竞赛中，球只有被1名或双方跳球队员用手拍击，跳球才合法。跳球中要应用下列规定：

①中心　跳球时，2名跳球队员的脚要站在靠近本队球篮一边的半圆内，一只脚靠近2人之间的线的中心；

②抛起　然后裁判员在2名跳球队员之间将球垂直地向上抛起。

球抛起的高度要超过跳球队员跳起时能达到的高度，并且球在他们之间落下；

③拍击　球达到最高点后必须被 1 名或双方跳球队员合法地拍击；

④位置　在球被合法地拍击前，任一跳球队员都不得离开他的位置；

⑤规定　在球触及非跳球队员、地面、球篮或篮板前，任一跳球队员都不能抓住球或触及球超过 2 次。根据这个规定，可能有 4 次拍球，即每一跳球队员拍球 2 次；

⑥圆圈　在球被拍击前，其他队员要站在圆圈外；

⑦重新　如果球不是被 1 名或双方跳球队员拍击，或如果球没有被任何 1 名跳球队员拍击面触及地面，则要重新执行跳球；

⑧站立　如 1 名对方队员要求站在圆圈外的一个位置上，本方队员不得围绕圆圈毗连站立。

（4）控制球

在篮球竞赛中有控制球的说法，对于如何界定控制球，也有一些规定。

①队员控制球　下列情况是队员控制球：

活球　队员拿着或运着一个活球；

处理　在掷界外球的情况下，当掷界外球队员可处理球时；

②球队控制球　下列情况是球队控制球：

控制　该队的队员控制球；

传递　球在同队队员之间传递。

（5）投篮

投篮是球队得分的手段，关于投篮和如何得分，篮球规则都有明确的要求。

①投篮的界定　不同投篮方式，投篮过程有不同的界定。

根据裁判员的判断，队员已开始将球投、扣或拍向对方球篮试图得分时为队员在做投篮动作，该投篮一直继续到球离开队员的手；

假如队员腾起空中投篮，投篮动作继续到投篮完成，并且该队员的双脚回到地面。然而，当球离手时，球队控制球结束；

根据裁判员的判断，一个被确认对正在做投篮动作的队员的犯规，必须是发生在该队员投篮手臂的连续动作已经开始之后。这里的连续动作包括：当球在队员的手中停留和投篮动作已经开始，须包括队员在投篮中手臂的动作和身体的移动；

如果投球中篮，即使是在鸣哨后球才离开投篮队员的手，要计得分。该款规定不适用于下列情况：每节竞赛的终了，当30秒信号发出时，在响哨后，如果做了一个全新的投篮尝试（动作）、则中篮无效；

队员从跳球中直接将球拍向球篮，不被认为是在做投篮动作；

②投篮的分值　球从上面进入球篮，停留在球篮内或穿过球篮为中篮。球中篮和它的得分值规定如下：一次罚球中篮得1分，一次投球中篮得2分，在3分投篮区中一次投球中篮得3分；

③其他的规定　有些投篮进球是不符合出轨的，对于这样的进球规则如下：如果某队意外地将球投入自己的球篮，得分要记录在对方队长名下。如果某队有意地将球投入自己的球篮，这是违犯本规则精神的不得分；登记违犯队的教练员一次技术犯规；竞赛按适当的条款重新开始。

（5）掷界外球

篮球中常常出现要掷界外球的情况，关于掷界外球篮球规则有一些具体规定。

①投中或罚球后实施细则　竞赛中投中或最后一次罚球成功后，具体实施细则如下：

适用　得分队的对方任一队员有权在中篮处的端线上或端线后任何一点掷界外球。在暂停或每次停止竞赛后，裁判员将球递交给队员或置于他可处理之后，该款也适用；

队员　球员可以将球传给位于端线上或端线后的同队队员，但从界外的第一名队员可处理球的瞬间开始计算5秒；

重新　裁判员不必递交球，除非能使竞赛更快地重新开始；

触及　球中篮后，掷界外球的对方队员不得触及球。偶然或无意地触球是可以默许的，但如果对球进行干扰借以拖延竞赛，则为技术犯规；

②违规或停止后实施细则　在发生违犯或每次停止竞赛后，掷界外球重新开始竞赛：

地点　掷界外球队员要站在裁判员指定的距违犯或停止竞赛地点最近的界外，但直接位于篮板后面的地方除外；

递交　裁判员必须将球直接递交给掷界外球的队员或将球置于该队员可处理处；

移动　掷界外球队员在球离手前不得从裁判员指定的地点横向移动超过正常的一步，并向不止一个方向移动，允许沿一个方向移动一些小步，只要总距离不超过正常的一步，只要周围的情况许可，队员沿垂直界线后退多远都可以；

③不得违反下列规定　掷界外球的队员不得违反下列规定：

接触　在球接触了另一队员前在场内与球接触；

离手　球离手时踏场地；

时间　在球离手前消耗的时间超过 5 秒钟；

掷球　掷球越过篮板传给场上另一队员；

接触　掷界外球球离手后，在球接触场上队员前，球触及界外或停留在篮圈支颈上或进入球篮。

（6）竞赛结束

篮球竞赛的结束包括一节和一场竞赛何时结束。

①信号声响　表示竞赛时间终了的计时员的信号声响发出时，一节、半时或一场竞赛结束；

②罚球执行　结束每半时或每节竞赛的计时员信号发出的同时，或在此前的一刹那发生犯规，作为犯规结果的任何可能发生的罚球均要执行。

（7）告负情况

篮球竞赛中，除了得分低分出胜负外，还有因为弃权或缺失队员失败的情况。

①竞赛因弃权告负　如果出现下列情况，该队即因弃权告负：

拒绝　球队在主裁判员通知后拒绝竞赛；

阻碍　球队以其行为阻碍竞赛的进行；

时间　在过了竞赛开始时间 15 分钟后球队未出场或能上场的队员不足 5 名；

出现以上情况时，判给对方队获胜，并且竞赛结果的比分为 20 比

0，此外，弃权的球队要在名次排列中记入0分；

②竞赛因队员告负　如果在竞赛过程中某队场上队员少于2人，则该队因缺少队员而竞赛告负；

如判获胜的队得分领先，则以竞赛停止时的比分作为结局。如判获胜的队得分落后，则记录该队以2比0的比分获胜。此外，因缺少队员告负的球队要在名次排列中记入1分。

违例规则

篮球竞赛中有关于违例的要求。违例就是违反规则，罚则是发生违例的队失去球，将球判给对方队在最靠近发生违例的地点掷界外球。

（1）出界违例

出界包括队员出界和球出界。

①物体接触　当队员身体的任何部分与界线上、界线上方或界外的地面，或除队员以外的任何物体接触时，即是队员出界；

②球触界外　当球触及界外的队员或任何其他人员，界线上、界线上方或界线外的地面或人物体，篮板的支柱或背面，即为球出界。

违反本条规则是违例。

（2）运球规则

竞赛中，对队员运球有一些具体规定：

①运球开始　当已获得控制球的队员将球掷、拍或滚在地面上，并在球触及另一队员之前再接触球为运球开始；

②运球完毕　队员用双手同时触球，或使球在一手或两手中停留的瞬间运球即完毕；

③不受限制　队员的手不和球接触时，运球队员的步数不受限制；

④下列情况不是运球：

连续　连续投篮；

恢复　在运球开始或结束时，队员偶然地失掉球，然后恢复控制球（漏接）；

控制　与附近的其他队员抢球中用挑拍以图控制球；

拍击　拍击另一队员控制的球；

拦截　拦截传球并获得该球；

抛接　只要不出现带球走违例，球在触及地面前在手中抛接和停留；

⑤掷球打篮板　队员不得掷球打篮板，并在球触及另一队员之前去触及球，除非裁判员认为是投篮则除外。

（3）带球走规则

带球走是指当持活球的队员用同一脚向任何方向踏出一次或数次，另一脚不离开与地面的接触点时出现了旋转。带球走或持球行进是持球队员一脚或双脚向任何一方向移动超出了本条规则所述的限制。

①确定中枢脚　关于确定中枢脚的规定如下：

双脚　队员双脚着地接到球，可以用任一脚作中枢脚。一脚抬起的一刹那，另一脚就成为中枢脚；

队员在移动或运球中接到球，如果一脚正接触地面，他可以按下列情况停步并确定中枢脚；

同时　双脚同时着地，则任一脚都可以是中枢脚。一脚抬起的一刹那，另一脚就成为中枢脚。两脚分先后着地，则先触地的脚是中枢脚。一脚着地，队员可以跳起那只脚并双脚同时着地，则哪只脚都不是中枢脚；

②持球移动　关于持球移动的规定：

确定了中枢脚后，如何移动的规定如下：

落回　在传球或投篮中，中枢脚可以抬起，但在球离手前不可以落回地面；

抬起　运球开始时，在球离手前中枢脚不可以抬起；

停步　停步后当哪只脚都不是中枢脚时，在传球或投篮中，一脚或双脚都可以抬起，但在球离手前不可以落回地面。运球开始时，在球离手前哪只脚都不可以抬起；

违反本条规则是违例。队员没有控制活球就没有这条规则的违例。

（4）球回后场

位于前场的控制球队的队员不得使球回后场。当控制球队的队员出现了下列情况，就认为球已进入后场：

①最后触球　在球进入后场前最后触球；

②在下列情况后，他的同队队员首先触及球：

触及　球已触及后场；

后场　如果该队员触及后场；

③重新获得　该限制适用于在某队前场的所有情况，包括掷界外球。违反本条规则是违例。被防守队员断回后场的球可以被双方任1球队重新获得。

（5）攻、防中的干扰球

关于竞赛攻、防中的干扰球违例的规定如下：

①飞行中下落　在竞赛时间内，在投篮的时候，当球在飞行中下落，并完全在篮圈水平面之上时，进攻或防守队员不可以触及球。此限制仅适用到出现下列情况为止：球触及篮圈、球明显不会触及篮圈；

②不得触及球　身体当球在球篮中时，防守队员不得触及球或球篮；

③进攻或防守　当投篮的球接触篮圈时，进攻或防守队员都不得触及球篮或篮板。

（6）"3秒钟"规则

某队控制球时，该队队员在对方的限制区内停留不得超过持续的3秒钟。

①限制区　限制区的各线都属于限制区的一部分，队员触及任何一线都算位于限制区内；

②可处理　3秒钟的限制在所有掷界外球情况下均有效。它的计算要从掷界外球队员在界外可处理球的一刹那开始；

③不适用　3秒钟的限制不适用于：当投篮的球正在空中，抢篮板球时，死球进；

④可默许　队员在限制区内停留接近3秒钟时，可默许他运球投篮；

违反本条规则是违例。球队没有控制球就没有这条规则的违例。

（7）"5秒钟"规则

被严密防守的持球队员要在5秒钟内传、投、滚或运球。违反本条规则是违例。

（8）"10秒钟"规则

对方球篮、篮板的界内部分以及对方球篮后面的端线、边线和距对方球篮最近的中线边缘围成的场区构成了某队的前场。球场的另一部分，包括中线和本方球篮，包括篮板的界内部分是该队的后场。当 *1* 名队员在后场控制活球时，该队必须在 *10* 秒钟内使球进入前场。当球触及前场或触及有部分身体接触前场的队员时，球即进入前场。

违反本条规则是违例。

（9）违例罚则

出现违例情况后的处罚规则如下：

①球成死球　当裁判员宣判违例时球成死球：

如是攻方违例　不得分，并将球判给对方队员在罚球线的延长部分掷界外球；

如是守方违例　判给投篮队员得 *2* 分，如在 *3* 分投篮区投篮则判得 *3* 分。如同投篮成功一样，在端线后掷界外球重新开始竞赛；

②球在空中　当投篮出现在竞赛时间临近结束时，在时间终了前球已离开了投篮队员的手并在空中：

进入　如果球直接进入球篮，要计得分；

弹起　如果球碰篮圈弹起，然后进入球篮，要计得分；

违例　如果球触及篮圈后，任一队的队员触及球、球篮或篮板是违例。如果防守队员构成违例，算中篮得分，要判给 *2* 分或 *3* 分，如果进攻队员构成违例，则球成死球，如果球进篮不判得分。

侵人犯规

侵人犯规是队员和对方队员的接触犯规，无论球是活球或是死球。主要包括以下两种情况：犯规是违反规则的行为，含有与对方队员的身体接触或违反体育道德的举止，对犯规队员要进行登记，随后按规则的有关条款进行处罚。

（1）要求

出现下列具体情形时，可以被认为是犯规。

①阻挡　阻挡是阻止对方队员行进的身体接触；

②撞人　撞人是持球或不持球的队员推动或移动到对方队员躯干上的身体接触；

③防守　从背后防守是防守队员从对方队员的背后与其发生的身体接触。即使防守队员正在试图去抢球，与对方队员发生身体接触也是不正当的；

④拦阻　用手拦阻是防守队员在防守状态中用手接触对方队员，或是阻碍其行动或是帮助防守队员来防守对手的动作；

⑤接人　接人是干扰对方队员移动自由而发生的身体接触。能用身体的任何部位来造成接触；

⑥用手　非法用手发生在队员试图用手抢球接触了对方队员时，如果仅仅接触了对方队员持球的手，则被认为是附带的接触；

⑦推人　推人是用身体的任何部位强行移动或试图移动已经或没有控制球的对方队员时发生的身体接触；

⑧掩护　非法掩护是试图非法拖延或阻止非控制球的对手到达希望到达的场上位置。

（2）罚则

出现这种犯规后，处理规则如下：

①取消　要登记犯规队员一次取消竞赛资格的犯规；

②离开　要被取消竞赛资格，令其去该队的休息室并在竞赛期间留在那里，他也可以选择离开体育馆；

③球权　要判给非犯规队罚球和随后的球权；

④判给的罚球次数要按下列规定：

动作　如果被犯规的队员未做投篮动作，则判给2次罚球；

得分　如果被犯规的队员正在做投篮动作，如投中，要判得分并再判给一次罚球；

地点　如果被犯规的队员正在做投篮动作，投篮不得分，则根据投篮的地点判给2次或3次罚球；

⑤延长　罚球过程中，所有其他队员要位于罚球线的延长部分和3分投篮线的后面，直至罚球过程完毕；

⑥边线　罚球后，无论最后一次罚球成功与否，均由罚球队的任一队员在记录台对面边线的中点处掷界外球。

技术犯规

技术犯规是指所有不包括与对方队员接触的队员犯规。队员不得漠视裁判员的劝告或运用不正当的行为。

（1）犯规认定

队员技术犯规的认定有以下一些规定：

①概念　队员的技术犯规是指所有不包括与对方队员接触的队员犯规；

②行为　队员不得漠视裁判员的劝告或运用不正当的行为：

礼貌　同裁判员、到场的技术代表、记录员、助理记录员、计时员，30秒钟计时员或对方队员讲话或接触没有礼貌；

煽动　使用很可能引起冒犯或煽动观众的言语或举动；

妨碍　戏弄对方或在对方眼睛附近摇手妨碍他的视觉；

延误　妨碍迅速地掷界外球以延误竞赛；

举手　被判犯规后，在裁判员要求举手时不正正当当地举手；

号码　没有报告记录员和主裁判员擅自更换竞赛号码；

替补　没有报告记录员以及没有得到裁判员招呼的替补队员进入场地；

利益　离开场地去获得不正当的利益；

违反　违反"干扰最后一次或仅有一次的罚球"的情况；

篮圈　队员抓住篮圈并把整个身体的重量悬挂在篮圈上。根据裁判员的判断，如果某队员正试图防止自己或另1名队员受伤而抓住篮圈是可以的；

③影响　显然是无意的和对竞赛没有影响的，或属管理性质的技术性违犯不被看做是技术犯规，除非在裁判员提出警告后又重犯；

④判罚　有意的、不道德的或给违犯者带来不正当利益的技术性违犯，要立即判罚技术犯规。

（2）犯规罚则

对于对于技术犯规的处罚如下：

①登记　要登记违犯者一次技术犯规；

②罚球　判给对方队员2次罚球；

③取消　对行为十分恶劣或屡次违反此条规定的队员要取消其竞赛资格，令其退出竞赛并执行取消竞赛资格的犯规的相同罚则；

④时间　如果技术犯规在球进入竞赛状态后才被发现，则如同在发现时发生的犯规一样要执行罚则。从发生犯规到发现犯规的时间内的一切情况均有效；

⑤警告　当队员在一些小问题上即将构成违犯时，裁判员可提出

警告以阻止技术犯规的发生。

（3）休息时间

在竞赛休息时间内可以宣判技术犯规。

①休息时间认定　竞赛休息时间是指：竞赛开始前的阶段（大约20分钟），任意两节间的时间间隔，两半时间的时间间隔和所有决胜期前的时间间隔。竞赛休息时间结束于裁判员持球进入中圈执行跳球，即球进入竞赛状态的一瞬间；

②违规与处罚　如果对下列人员出现下列行为，即是违规并进行处罚：

合格参赛的球员　则对该球员进行登记，罚则是2次罚球。该犯规要计入全队犯规之中；

教练员、助理教练员或随队人员　则对教练员进行登记，罚则是2次罚球。该犯规不列入全队犯规之中；

罚球过程中，除罚球队员外的所有队员要位于罚球线的延长部分和3分线的后面，直至所有的罚球完毕。罚球完毕后，竞赛要在中圈跳球开始或重新开始。

（4）打架

在篮球竞赛中，打架也会引起技术犯规。

①取消竞赛资格　在打架或可能导致打架的任何情况中，任何坐席人员离开球队席区域的界限要被取消竞赛资格，令其去该队的休息室并在竞赛期间留在那里，也可以选择离开体育馆；

②队席区域界限　在打架中或可能导致打架的任何情况中，为了协助裁判员维持或恢复秩序，只有教练员可以离开球队席区域的界限；

③不去帮助维持　如果教练员离开球队席区域的界限，又不去帮助维持或恢复秩序，要被取消竞赛资格，令其去该队的休息室并在竞赛期间留在那里，他也可以选择离开体育馆；

④处理技术犯规　对于任何这类事件，判教练员或教练员们一次技术犯规并按适当的条款处理此技术犯规。

一般规定

除了上面的一些规定外，篮球竞赛中还有一些其他规定。

（1）基本原则

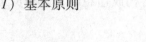

篮球竞赛规则中的基本原则有两条：

①作出宣判　竞赛期间，不论是球进入竞赛状态，呈活球或死球状态，每一位裁判员在任何时候都有独立作出宣判的权力；

②表上登记　对某一队或双方队可能宣判多次犯规。不管其罚则如何，对每一起犯规都要在记录表上登记犯规队员一次犯规。

（2）退出竞赛

竞赛中队员5次或6次犯规，就有可能要退出竞赛。

①犯规共达5次　在2×20分钟的竞赛中，1名队员不论侵入犯规或技术犯规共达5次，在得到通知时他必须自动退出竞赛；

②犯规共达6次　在4×12分钟的竞赛中，1名队员不论侵入犯规或技术犯规共达6次，在得到通知时他必须自动退出竞赛。

（3）全队犯规

篮球竞赛中有全队犯规的规定，并有具体的处罚规则。

①犯规共达7次　2×20分钟竞赛　每半时中，一个队的队员侵入犯规或技术犯规已共达7次时，所有以后发生的队员侵入犯规要处以2次罚球，由那个受到侵犯的队员罚2次球。如果涉及到更为严重的罚则，则规则中的适当条款将适用。

②犯规共达4次　4×12分钟竞赛　每节中，一个队的队员侵入犯规技术犯规已共达4次，所有以后发生的队员侵入犯规要处以2次罚球，由那个受到侵犯的队员罚2次球。如果涉及到更为严重的罚则，则规则中的适当条款将适用。

（4）罚球

一次罚球是给予一个队员在罚球线后的半圆内，无争抢的情况下得1分的机会。

①当宣判侵入犯规，判罚罚球时：

罚球　裁判员要指令受到侵犯的队员执行罚球；

替换　如果受到侵犯的队员被请求替换，他必须执行了罚球后才离场；

执行　如果被指定罚球的队员因受伤或被取消竞赛资格而必须离场时，替换他的队员必须执行罚球。如果没有有效的替补队员时要由队长或队长指定的任一队员罚球；

②指定 当宣判技术犯规时，可由对方球队队长指定的任一队员罚球；

③罚球队员的具体做法：

就位 要在罚球线后半圆内就位；

触及 可用任何方式投篮，但必须将球在被别的队员触及前投入球篮或投篮触及篮圈；

投球 在裁判员将球置于他可处理时，要在5秒钟内投球离手；

地面 在球触及篮圈前不得触及罚球线或罚球线前的地面；

动作 不得做假动作罚球；

球篮 当球正在飞向球篮的途中不得触及球；

接触 罚球中，当球与篮圈接触时不得触及球篮或篮板；

机会 在最后一次罚球之前的任一罚球中，只要球有机会进入球篮，他不得触及球或球篮；

④其他队员的位置：

位置 最多5名队员可以占据被看做是1米的位置区内；

占据 限制区两侧的第一位置区，只有罚球队员的对方队员可以去占据；

交错 占据位置区的队员要交错站位；

有权 队员只能占据有权占据的位置；

⑤在位置区内的队员具体做法：

无权 不得占据他们无权占据的位置区；

进入 在球离开罚球队员的手之前不可进入限制区、中立区域或离开位置区；

触及 当球正在飞向球篮的途中，不得触及球，直至球触及篮圈或球明显不会触及篮圈；

接触 罚球中当球与篮圈接触时不得触及球篮或篮板；

机会 在最后一次罚球之前的任一罚球中，只要球有机会进入球篮，他们不得触及球、球篮或篮板。

扰乱罚球队的对方队员当球在球篮中时不得触及球或球篮，不得用他的行为去扰乱罚球队员。违反第四款为违例。

第三章

排球运动的竞赛与裁判

1. 排球的发展历史

排球，是一项双方隔网击球使其不在本方场区内落地的集体运动项目。它源于 19 世纪末的美国，经过 100 多年的发展，这项运动已经非常成熟，受到了世界各地人民的喜爱。

排球的起源

1895 年 7 月，美国马萨诸塞州一位叫威廉斯·盖·摩尔根的体育工作人员，想把当时已广为流行的网球搬到室内，在篮球场上用手来打。但室内篮球场面积较小，网球容易出界，于是他作了某些改进：一是把网球允许球落地后再回击的规则改为不许落地；二是把网球的体积扩大，用篮球胆充气来打。摩根将这种隔网用手拍击球的游戏叫做 "Minitonette"，意为 "小网子"。"小网子" 活动满足了中年人娱乐和体育之需，受到人们欢迎。于是，排球运动就这样从嬉戏篮球胆的游戏中发展起来了。

世界排球的发展

美国斯普林费尔德体育专科学校是排球的发源地，该校的基督教青年会是最早传播排球运动的组织。基督教青年会的干事、传教士、学校毕业生以及第一次世界大战中的美国军人，都是排球运动的初期传播者。

排球运动首先传入加拿大、古巴、巴西等国，第一次世界大战期间传入法国、意大利等欧洲国家。第二次世界大战后，东欧国家排球运动技术水平长期居世界领先地位，欧洲各国从一开始接触的就是 6 人制排球，因此技战术水平得以长久领先。

排球运动传入亚洲始于 1900 年的印度。1913 年第一届远东运动会把排球列入正式竞赛。由于当时规则尚不完善，亚洲各国的排球运动经历了 16 人制、12 人制和 9 人制，直至 1950 年代，才逐步过度至 6 人制排球。

为适应排球运动的发展，1947 年在法国巴黎正式成立了国际排球联合会，负责领导国际排球运动，第一任主席是法国人保尔·黎伯。国际排联现已有 140 多个会员国。

2. 排球的竞赛场地

竞赛场地主要前场区、发球区等。

场地标准

排球竞赛场区为长 18 米，宽 9 米的长方形。其四周至少有 3 米宽的无障碍区。竞赛场区上空的无障碍空间从地面量起至少高 7 米，其间不得有任何障碍物。

场地地面

场地的地面必须平坦，场地的地面不得有任何可能伤害队员的隐患。

场区画线

（1）界线

所有的界线宽 0.05 米。其颜色应是与地面和其他项目画线不同的浅色。

（2）场区

两条边线和两条端线划定了竞赛场区。边线和端线都包括在竞赛场区的面积之内。

（3）中点

中线在网下连接两条边线的中点。中线的中心线将竞赛场区分为长 9 米、宽 9 米的两个相等的场区。

（4）进攻线

每个场区各画一条距离中线中心线 3 米的进攻线。

（5）前场区

中线与进攻线之间为前场区。

发球区

发球区宽 9 米，位置在端线后。两条端线后各画一条长 0.15 米、垂直并距离端线 0.002 米的短线，两条短线之间的区域为发球区，短线宽度包括在发球区之内。发球区的深度延至无障碍区的终端。

换人区

两条进攻线的延长线之间、记录台一侧边线外的范围为换人区。

活动区

在两个无障碍区外的替补席远端，划 *3 米 × 3 米* 见方的区域为准备活动区。

3. 排球竞赛的器具

排球竞赛的器具主要包括排球、球网等。

排球

（1）材料

排球为圆形，外壳用柔软的熟皮或人造皮革制成，内装橡皮胆。

（2）颜色

排球必须为一色，室内竞赛须选用淡颜色的球。

（3）规格

球的圆周为 *0.65 米至 0.67 米*，球的重量为 *260 克至 280 克*，球的气压为 *0.40 - 0.45 千克/平方厘米* 之间。

球网

（1）规格

排球网为深色，长为 *9.5 米*，宽 *1 米*，网孔 *0.1 米* 见方，球网上沿有 *0.05 米* 的双层白色帆布。

（2）悬挂

要张挂在球场两侧的网柱上。网柱安装在边线外，离边线至少 *0.5 米*。球网要挂在中线垂直面的上空，将球场隔开。

（3）高度

男子网高 *2.43 米*，女子网高 *2.24 米*，网高从网中间丈量。

网柱

网柱应为两根高 *2.55 米* 的光滑圆柱。最好是能够调节高度，网柱固定在边线外 *0.5 米至 1 米* 处。禁止使用拉链固定网柱。一切危险设施或障碍物都必须排除。

标志带

标志带是两条宽 *0.05 米*、长 *1 米* 的白色带子，分别系在球网两端，垂直于边线。标志带被认为是球网的一部分。

154

标志杆

标志杆是有韧性的两根杆子，长 *1.8* 米，直径 *0.01* 米，由玻璃纤维或类似质料制成。两根标志杆分别设置在标志带外沿球网的不同两侧。标志杆高出球网 *0.8* 米。高出部分每 *0.1* 米应涂有明显对比的颜色，最好为红白相间。标志杆被认为是球网的一部分，并视为过网区的边界。

队员装备

球员的装备包括球衣、球裤、袜子和球鞋。

（1）队员的服装

队员的服装包括上衣、短裤和运动鞋。上衣、短裤和袜子必须统一、整洁和颜色一致，自由球员除外。国际竞赛中，全队队员鞋子的颜色必须一致，但商标可以不同。上衣的号码必须是 *1* 号至 *18* 号，号码的颜色必须与上衣明显不同，号码的位置必须在胸前和背后的中央部分，颜色和亮度必须与球衣有明显对比。身前号码至少为 *0.1* 米宽，身后号码至少为 *0.15* 米高，号码笔画宽度至少为 *0.02* 米。禁止穿着颜色与其他队员不同的服装，自由球员除外，或是号码不符规定的服装。

（2）禁止的物品

禁止佩带可能造成上伤害及有利于人为伤害的物品。可以戴眼镜参加竞赛，但所引起的后果一切由个人负责。

（3）装备的更换

第一裁判可允许 *1* 名或 *1* 名以上的球员：

①赤足　可以赤足竞赛；

②相同　局与局之间或替补以后，更换汗湿的运动衫。但新换的运动衫颜色、式样及号码须与原来的相同；

③天气　天气寒冷时，第一裁判可允许球队穿着训练服装竞赛，但全队服装颜色与样式必须相同，并佩有合法的号码经允许后球队球员都必须依照办理。

4. 排球竞赛的参赛人员

排球竞赛的参赛人员主要包括队员和教练员等。

队员的组成

一个队最多有 *12* 名队员，*1* 名教练员、*1* 名助理教练员、*1* 名训练员和 *1* 名队医。国际排联世界性竞赛中，医生必须事先得到国际排联的认可。

竞赛开始时，每个队必须始终保持 *6* 名队员进行竞赛。队员的轮转次序应按位置表登记的顺序进行，直至该局结束。

队员的位置

队员位置包括正式竞赛队员的位置和其他人员的位置。

（*1*）正确位置

队员场上位置为：

①前排队员　靠近球网的 *3* 名队员为前排队员，其位置为 *4* 号位（左）、*3* 号位（中）*2* 号位（右）；

②后排队员　另外 *3* 名队员为后排队员，其位置为 *5* 号位（左）、*6* 号位（中）和 *1* 号位（右）；

③规定站位　*2* 名队员之间的位置：每 *1* 名后排队员的位置必须比其相应的前排队员距离中线更远，前后排队员左右之间的位置按规则 *7.4.1* 的规定站位；

④无障碍区　发球击球后，队员可以在本场区和无障碍区的任何位置。

（*2*）错误位置

出现位置错误时，会出现以下一些判罚：

①正确位置　当发球队员击球时，如果队员不在其正确位置上，则构成位置错误犯规；

②同时发生　当发球队员击球时的犯规与对方位置错误同时发生，则发球犯规被认为在先；

③错误在先　如果是发球队员在击球后的犯规，则位置错误在先；

④恢复位置　位置错误的判罚如下：该队被判失去 *1* 球，队员恢

复到正确位置。

（3）他人位置

在竞赛中只有队的成员才允许坐在球队席上并参加赛前的准备活动。其他人员遵守以下一些规则：

①位置分布　竞赛时，替补队员应坐在本队场地一侧的球队席上或在准备活动区域内，教练员和其他成员也应坐在球队席上，但可暂时离开。球队席设在记录台的两侧，无障碍区之外；

②替补队员　替补队员可以做无球的准备活动如下：竞赛中，在准备活动区域内；暂停或技术暂停时在本队场区之后的无障碍区；两局竞赛之间队员可以在无障碍区用球做准备活动。

队员替换

在裁判员的允许下，1名队员离开竞赛场地，而由另1名队员经记录员登记后占据其位置的行为称换人，后排自由防守队员的进出除外。

（1）换人限制

竞赛规则对换人的限制由一下几个方面：

①人数　每局每队最多可换6人次，可以同时换1人或多人；

②阵容　每局开始阵容中的队员，在同1局中可以退出竞赛和再上场一次，而且只能回到原阵容的位置；

③替换　替补队员只能上场竞赛一次，替换开始阵容的队员。而且只能由被他替换下场的队员来替换。

（2）特殊换人

①合法　某一队员受伤不能继续竞赛时，后排自由防守队员除外，必须进行合法的换人。如果不能进行合法的换人时，可采用超出规则限制的"特殊换人"；

②受伤　特殊换人时，场外的任何队员除后排自由防守队员或由他/她替换下场的队员外，都可以替换受伤队员，但受伤队员不可在本场竞赛中返回场上；

③次数　在任何情况下特殊换人都不作为换人的次数计算。

（3）出场换人

竞赛中，某队员被"判罚出场"或"取消竞赛资格"时，必须进行合法换人。不能进行合法换人时，该队被宣布为"阵容不完整"。

（4）换人处理

某队进行了不合法的换人，而且竞赛已重新开始，应按如下步骤进行处理：

①损失1球　判该队失1球；

②给予纠正　对不合法的换人给予纠正；

③取消分数　取消该队在此犯规中所得的分数。

（5）换人的程序

换人的程序遵守以下一些规则：

①区内　换人必须在换人区内进行；

②时间　换人时所持续的时间，仅限记录员登记和队员进出场必需的时间；

③准备　在请求换人时，队员必须站在换人区附近并做好进场准备，否则裁判员不接受其请求并判该队延误竞赛犯规。国际排联世界性竞赛中，队员换人时必须使用换人牌；

④手势　如果运动队想替换1名以上的运动员，必须在提出请求换人的同时，用手势表明换人的次数。替换时队员一对对相继进行。

队长

（1）抽签

队长在竞赛开始前要在记分表上签字，并代表本队进行抽签。抽签获胜者可以选择发球或接发球或场区。

（2）场上职责

队长在场上时将担任场上队长。只有场上队长可以在死球时同裁判员讲话。场上队长可以请求对规则和规则的执行进行解释，可请求正常的竞赛间断，即暂停和换人，可以请求允许更换衣服或器材，核对双方队员的场上位置，检查地板、球网和球等。

（3）结束后职责

竞赛结束时，他要在记分表上签字承认竞赛结果。

教练员

（1）竞赛前职责

教练员在竞赛前要在记分表上检查队员的姓名和号码，并签字。

每局开始前，要填写位置表，签字后交记录员或第二裁判员。

（2）竞赛中职责

竞赛中，他应坐在靠近记录员一端的球队席上，他可对场上队员进行指导，但必须是坐在球队席上或在准备活动区内，并不得干扰或延误竞赛。

助理教练员

助理教练员坐在球队席上，但无任何权力。如果教练员必须离队时，场上队长请求并经第一裁判员同意，他可以承担教练员职责。

自由球员

又叫"自由球员"或"自由人"，是国际排联于 *1996* 年世界女排大奖赛中试行的一项新规则。自由防守球员的功能在于加强防守达到平衡攻守的效果。关于自由球员的规则如下：

（*1*）登记　球队可以没有自由球员，但最多只登记 2 人；

（*2*）场上　一队在竞赛时只能有一位自由球员在场上；

（*3*）颜色　自由球员必须身着与其他同队球员明显不同颜色的球衣；

（*4*）替补　自由球员的替补不计入普通球员的替换次数；

（*5*）间隔　自由球员的替补必须于 *1* 球落地之后至第一裁判发球哨音响起前完成，并只限于替换同一人，且同一自由球员的替换至少以 *1* 球的往返为间隔；

（*6*）注明　记录表必须注明自由球员；

（*7*）上场　自由球员不得列于轮转表上，但可于竞赛前替换上场；

（*8*）轮转　自由球员的轮转只限于后排，不得发球或轮转至前排，并不得拦网或企图拦网；

（*9*）过网　如球的位置高于网高，自由球员不得于场上任何位置将球处理过网至对方场地；

（*10*）超过　如第二传球为自由球员于前排以高手将球传出，则第三球攻击高度不得超过网高；

（*11*）队长　自由球员不得为球队队长。

5. 排球竞赛的裁判人员

排球的裁判人员包括第一裁判员、第二裁判员、记录员和4名或2名司线员。

第一裁判员

第一裁判员坐或站在球网一端的裁判台上执行其职责。他的视线水平必须在高出球网上沿约0.5米的高度上。

（1）权力

第一裁判的权利包括如下多个方面：

①领导竞赛　自始至终领导该场竞赛。对所有裁判员和竞赛队成员行使权力。在竞赛中他的判定是最终判定。如果发现其他裁判员的错误，他有权改判，甚至他可以撤换1名不称职的裁判人员；

②掌管工作　同样掌管捡球员和擦地员的工作；

③有权决定　有权决定涉及竞赛的一切问题，包括规则中没有规定的问题；

④给予允准　不允许对其判定进行任何争辩，但当场上队长提出请求时，他应对其判定所依据的规则和规则的执行给予解释，如果队长立即表示不同意他的解释，并提出保留在竞赛后对此提出正式抗议权力的声明，第一裁判员必须给予允准；

⑤负责决定　在竞赛前和竞赛中，负责决定赛场条件是否符合竞赛要求。

（2）责任

第一裁判的责任包括竞赛前和竞赛中两个部分。

①竞赛前　第一裁判员：检查场地、器材和竞赛用球、主持抽签、掌握两队的准备活动；

②竞赛中　只有第一裁判员有权：对不良行为和延误竞赛进行判罚。判定发球犯规和发球位置错误，包括发球掩护，竞赛击球的犯规，高于球网和球网上部的犯规；

第二裁判员

第二裁判员站在第一裁判员对面、竞赛场地外的网柱附近，面对第一裁判员执行其职责。

（1）权力

第二裁判员有以下一些权力：

①助手　第二裁判员是第一裁判员的助手，但是他还有自己的职责。当第一裁判员不能继续工作时，他可以代替第一裁判员执行工作；

②手势　他可以用手势指出他职权以外的犯规，但不得鸣哨，也不得向第一裁判员坚持自己的判断；

③掌管　掌管记录员的工作；

④监督　监督坐在球队席上的球队成员并将他们的不良行为报告给第一裁判员；

⑤队员　掌管准备活动区中的队员；

⑥请求　允许竞赛间断的请求，掌握间断的时间和拒绝不合规定的请求；

⑦次数　掌握各队暂停和换人的次数，并将第二次暂停和第五、第六次换人告之给第一裁判员和有关教练员；

⑧允许　发现队员受伤，他可以允许特殊替换或给以恢复时间；

⑨检查　检查竞赛场地地面的条件，主要是前场区。竞赛中他还要检查球是否符合竞赛要求。

（2）责任

第二裁判员的责任包括开始前和开始中两个部分。

①位置　在每局开始、决胜局交换场地以及任何必要的时候，检查场上队员的实际位置是否与位置表相符；

②判断　在竞赛中，第二裁判员对以下犯规做出判断，同时鸣哨并做出手势：接发球队位置错误，队员触及球网和第二裁判员一侧的标志杆。网下穿越进入对方场区和空间。后排队员进攻性击球和拦网犯规。球触及第二裁判员一侧的标志杆。球触及场外物体或球触及地面而第一裁判员处于难以观察的情况时。

记录员

记录员坐在第一裁判员对面的记录台处，面对第一裁判员执行职责。其职责表现在竞赛前、竞赛中和竞赛后三个方面。

（1）竞赛前

记录员在竞赛前和每局前：

①签字　按照规定程序登记有关竞赛和两队的情况，并取得双方队长和教练员的签字；

②通知　根据位置表登记各队上场阵容。如果没有按时接到位置表，应立即通知第二裁判员。除裁判员之外，上场阵容不得让任何人得知。

（2）竞赛中

记录员在竞赛中：

①比分　记录得分，核对计分牌上的比分是否正确；

②次序　掌握各队的发球次序，发现发球次序错误，应在发球击球后立即通知裁判员；

③通知　掌握并记录暂停和换人次数，并通知第二裁判员；

④请求　对不符合规定的间断请求，要通知裁判员；

⑤宣布　每局结束和决胜局前 8 分钟时，向裁判员宣布；

⑥记录　记录警告和判罚的判处。

（3）竞赛后

记录员在竞赛结束时：

①登记　登记最终结果；

②签字　在记录表上签字后，取得双方队长然后是裁判员的签字；

③问题　如果有提出抗议的情况，记录或允许队长将有关抗议的问题写在记录表上。

司线员

司线员在不同的竞赛中，人数可能不同，但基本功能相同。

（1）位置

司线员有两种情况：

①负责界线　国际排联世界性竞赛必须有 4 名司线员。他们站在无障碍区距场角 1 米至 3 米的位置上，各负责一条界线；

②负责端线　如果是 2 名司线员，其位置应站在非发球区的两个角端，距场角 1 米至 2 米，各自负责一侧的端线和边线。

（2）职责

具体职责有以下几个方面：

①示以 球落在他们所负责线附近时，示以界内或界外；

②出界 对触及身体后出界的球，示以触手出界；

③示意 示意球从过网区外过网和触及标志杆，主要由距球飞行路线最近的司线员负责；

④旗示 发球时，如有队员脚踏出场外，示其犯规。负责端线的司线员示意发球队员脚的犯规。在第一裁判员询问时，司线员必须重复其旗示。

6. 排球运动的相关术语

排球运动的相关术语主要有二传手、主攻手等。

一传

（1）概念

排球运动技术名词。通常指竞赛中在本方场区接对方来球的第一次击球，或本方拦网触手后的击球。

（2）作用

可运用各种传球或垫球技术，其中以双手垫球运用最多。是一攻中的接发球和反攻中防守的重要环节，也是组成进攻战术的基础。如失误或不到位，可造成直接失分或无法实现预定的进攻战术。一传质量的好坏，是决定竞赛胜负的关键性因素之一。

二传

（1）概念

排球运动技术名词。指一传后的第二次击球，也是给扣球进攻者传的球。因这种技术动作基本上是第二次触球时运用，故名。

（2）作用

起组织进攻和反攻的桥梁作用。当代排球快速多变，立体综合的进攻战术，无二传的准确传递和默契配合，就无法发挥任何有力的进攻。

（3）要求

要求技术动作细腻精确。有多种方法：按出球距离和高低可分为集中、拉开、高球、快球、平快球；按赛场位置可分为前排网前传、后排插上传和后场调整传等。此词按运动的实际情况来说，并不确切，因一方第一次触球后也可传起扣球，即扣 2 次球。

垫二传

（1）概念

排球运动传球方法之一。指一传来球又低又远，队员来不及移动到球下传球时，应急以垫击的方法来进行二传。

（2）要求

要求降低身体重心，手臂伸平插到球下，利用下肢和身体协调力量稳准地向上抬动。

第三传

（1）概念

排球运动传球方法之一。指竞赛中对防守救起的球，无法组织进攻，常在第三次击球时，被动地将球推传向对方场区的空挡或防守差的队员。

（2）要求

要求利用手指手腕的张力和伸臂压腕动作以提高传球的攻击性。

二传手

（1）概念

也称"托手"。排球运动竞赛队员的职责分工。指接对方来球后专门担任第二次传球组织进攻的队员，是场上组织进攻、实施战术的组织者。

（2）要求

要求除有娴熟的二传技术外，还善于随机应变，团结队友，发挥全体队员的特点以及组织本队的进攻力量。应意志坚强、头脑冷静、视野宽广和具有很强的战术意识以及作战意图的决心。通常每队配备一至二名二传手。

主攻手

（1）概念

排球运动竞赛队员的职责分工。指场上的主要攻击手，防守反击中的主要得分队员。一般站在 4 号位或换位到 4 号位。

（2）要求

要求队员身材高大，弹跳力强，拥有强劲的扣杀力，擅长强攻，善于突破对方的防御，精于扣调整球和各种战术球。

副攻手

（1）概念

排球运动竞赛队员的职责分工。指在进攻中站在3号位的队员。

（2）要求

要求队员身材高大，具有较强的冲跳弹跳力和变向跑移能力。以快攻为主，并以快攻掩护队友组成各种快速多变进攻战术。防守时善于拦截和配合两侧队友拦网，以阻遏对方的各种快攻战术。

自由人

（1）概念

排球运动竞赛队员的职责分工。防守反击中的后排专职防守队员。根据战机的需要和防守的要求，无需请求裁判员的许可，即可随时自由地取代后排中的任一队员出场参赛。

（2）要求

要求队员身材较为矮小、灵活、快速，应变能力强，掌握出色的防守技术和具备良好的心理素质。着装的颜色必须有别于其他队员，以便辨认。

二点五

（1）概念

也称"半快球"，排球运动快球的一种。指二传手传出的球高出网口两个半球高度的快球。

（2）要求

助跑角度和击球动作与近体快球相同。只是起跳时间稍晚，一般与二传手出球的同时或稍晚些起跳。这类快球有一定的突然性，可与交叉进攻和梯次进攻配合使用。

探头球

（1）概念

排球运动中扣球的一种。当对方来球在网上探头过来时，直接在网上即以扣球击回对方。因形似刚一探头就被扣下，故名。

（2）要求

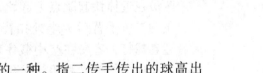

这类扣球速度快，落点近，突然性大，常使对方不及设防，所以成功率极高。扣球队员必须反应灵敏、判断准确、手法稳准、击球适时。如球尚未过网就扣，则为"过网击球"犯规；如过迟击球，则击球点偏后，会削弱攻击力或造成失误。

前飞

（1）概念

排球运动空间差的一种。

（2）要求

队员在扣短平快起跳点上起跳，佯扣短平快，突然冲跳，空中移位，接近球体，飞到二传手附近，扣预定近体半高球。可从 3 号位或 4 号位发动进攻，其"冲飞"的距离可达 1.50 米以上，很容易摆脱对方的拦网。也有后排队员利用"冲飞"技术，在后排起跳冲飞到进攻线前去扣球。

背飞

（1）概念

排球运动空间差的一种。

（2）要求

队员在近体快起跳点上起跳，佯扣近体快球，突然冲跳，空中移位，飞到二传手背后 1 米处扣背传半高球。背飞与前飞的区别在于：后者迎着球打，容易在空中截住球，前者追着球打，难度较高，对二传手与扣球手的技术和相互配合的要求也较高。

拉三

（1）概念

排球运动空间差的一种。

（2）要求

队员在近体快起跳点上起跳，似扣近体快而实向左前方冲跳，空中移位，飞到 3 号位扣二传手传出的短平快。也有扣近体快球时，二传手传出 3 号位偏向 2 号位的球，传至扣球手左肩的前上方，后者利用转体或转腕动作扣球，则称"近体拉三快球"。两种扣球方法均以避开对方的拦网为目的，但前一种进攻面更宽，技术要求更高。

拉四

（1）概念

也称"短平拉四"，排球运动空间差的一种。

（2）要求

队员在扣短平快起跳点上起跳，似扣短平快而实向左侧方冲跳，空中移位，到 3 号、4 号位之间追扣二传手传向 4 号位的球。扣球位置一般较正常短平快向 4 号位方向多拉出 1 米左右。与前飞、背飞的顺向助跑起跳相反，进攻采用逆向起跳，即与助跑方向不一致的起跳。

拦网

（1）概念

排球运动技术名词，基本技术之一。指队员在球网上空拦阻对方击来的球，是防守反击的第一道防线，也是主要得分的手段。因此它是积极主动并具有攻击性的防守。

（2）要求

有单人拦网和集体拦网两种。动作由准备姿势、移动、起跳、空中拦击和落地等相互衔接的 5 个部分组成。拦网时，应有良好的判断力，准确选择拦网地点、时间和空间。

盖帽

（1）概念

排球运动技术名同，拦网动作之一。

（2）要求

队员跳起拦网，在空中双手成"帽状"，尽力伸到对方上空接近球，当对方扣球时手腕迅速下压，使所拦的球加速反弹，以达到立即拦死之目的。因双手犹如一顶帽子狠狠压在球上，故名。

位置差

（1）概念

排球运动扣球的一种，也为扣球个人战术之一。

（2）要求

扣球队员做起跳姿势，准备打快球，以吸引对方拦网队员，待对方拦网者起跳做拦网动作时，扣球队员突然向侧方跨跳一步，在无人拦网处起跳扣杀。它主要利用有意识的传球位置的误差，使扣球者得以摆脱对方拦网，从而达到空挡进攻的目的，是一种有效的进攻战术。但要求佯攻逼真，真假动作变换使用，并与二传手密切配合。可分为短平前错位置差、前快后错位置差、背快背错位置差和背平变背快位置差等多种。

空间差

（1）概念

排球运动扣球的一种，是借助助跑起跳空间上的误差来迷惑对方的一种技术战术，也为扣球个人战术之一。

（2）要求

扣球队员利用起跳后，身体在空中移动的幅度，来避开对方的拦网，达到空挡进攻的目的。由于利用了起跳点和实扣点在空间上的差距，故名。又因在起跳后于空中有一段"滑动"距离，形似"空中飞人"，故又简称为"飞"，还因扣球要采取冲跳，故又有"冲扣"、"追扣"、"飘快"等称谓。按其完整的含义，则可称为"空中移位进攻"。

（3）特点

进攻面宽，突然性大，容易摆脱对方的拦网。要求扣球队员具备良好的弹跳力和快速助跑的冲跳力，较长的腾空时间和相当强的空中平衡能力，并与二传手密切配合。可分为前飞、背飞、拉三、拉四等，是中国运动员的创新动作。

时间差

（1）概念

排球运动技术、战术名词。队员进攻时，利用对方拦网队员起跳时间的误差，达到突破对方拦网目的的一种打法。

（2）要求

即打快球队员佯作扣快球的起跳姿势，而实际并未跳离地面，待对方拦网队员受骗起跳下落时，扣球队员再迅速原地起跳扣杀二传手预定传出的半高球，造成空挡进攻。

（3）动作

掌握好时机和节奏，助跑摆臂动作要逼真，具备高超的原地弹跳力。

7. 排球运动的准备和移动技术

排球运动的准备和移动技术是排球的最基本技术。

准备

准备姿势是各项技术的基础。为了及时起动、快速移动，以便在合理位置上完成各项技术动作，达到战术目的，要求思想高度集中，身体处于最合适的移动和防守状态之中。正确的准备姿势按其身体重心高低可分稍蹲、中蹲和低蹲等3种。

（1）半蹲准备姿势

两脚左右开立稍比肩宽，一脚稍前，两脚尖稍内收，脚跟稍提起。膝关节保持一定的弯曲，膝关节的投影在脚尖前面，上体前倾，重心靠前。两臂放松自然弯曲，双手置于腹前。全身肌肉放松，两眼注视来球，两腿始终保持微动。

（2）稍蹲准备姿势

稍蹲准备姿势比半蹲准备姿势重心稍高，动作方法相同，一般用于扣球助跑前或对方正在组织进攻时，需快速起动的场合。

（3）低蹲准备姿势

低蹲准备姿势比半蹲准备姿势的身体重心更低，更靠前，两脚左右，前后的距离更宽一些，膝部弯曲程度更大一些，肩部投影过膝，膝部投影过脚尖，手置于胸腹之间。低蹲姿势主要用于防守和接拦回球等。

移动

从起动到制动的过程称为移动。移动的目的主要是及时接近球，保持好人与球的位置关系，以便击球。迅速的移动可占据场上的有利位置，争取时间和空间。队员能否及时移动到位，直接影响着技战术的质量。移动是有起动、移动步法和制动三个环节所组成。

（1）起动

起动是移动发力的开始，它的快慢是移动的关键，起动的速度取决于正确的准备姿势，反应能力和腰腿部的速度力量。在排球竞赛中，应根据场上的情况，采取不同的准备姿势，以利于随时改变移动方向和迅速移动。

（2）步法

移动的基本步法有滑步、交叉步等。

①滑步　滑步用于距离较近、弧度较高的来球。向左方移动时，左脚先向左迈一步，右脚迅速跟上，保持好准备姿势。滑步在传球、垫球、拦网时采用较多；

②交叉步　交叉步用于来球较近的情况。向左方移动时，右脚从左脚前向左迈出一步，左脚迅速向左跨出落在右脚前面，侧移时上体稍向前转向，结束时上体再回转，移动完后上体转回，保持击球前的准备姿势。交叉步在防守、一传、拦网时采用较多；

③跑步　跑步在离球远时采用，跑步就是平时的跑步技术动作；

④跨步　跨步动作用于来球较低的情况，向移动方向跨出一大步，深曲膝，上体前倾。跨步可向前、侧、侧前各方向，也可以过渡到倒地动作。

（3）制动

制动是移动的结束，也是击球动作的开始。在快速移动后，为了保持稳定的击球姿势，必须经过制动，克服身体移动的惯性，以便于完成下一个击球动作。常用的制动方法主要有两种，即一步制动法和两步制动法。

①一步制动法　一步制动时，在移动最后跨出一大步，同时降低重心，膝部和脚尖适当内转，全脚掌横向蹬地，以抵住身体重心继续移动的惯性力，并以腰腹力量控制上体，使身体重心的垂直线停落在脚的支撑面以内；

②两步制动法　即以最后第二步开始做第一次制动，紧接着跨出最后一步做第二次制动。

8. 排球运动的发球技术

发球是排球运动中一项重要的基本技术。它是竞赛的开始，也是重要的进攻手段。有威力、攻击性强的发球，不但可以直接得分，起着先发制人的作用，而且还可以破坏对方组织进攻战术，减轻本方防守压力，为防守反击提供有利条件。发球可以分为正面下手发球、侧面下手发球、正面上手发球等几种。

正面下手发

正面下手发球要领：

（1）准备

面向球网，两脚前后站立。

（2）持球

单手或双手平举至胸腹前。

（3）抛球

单手或双手平稳抛至身体右上方。

（4）击球

用手掌或掌根或拳的上部击球的中下部。

正面上手发

正面上手发的动作要领如下：

（1）准备

面对球网，两肢自然开立，左脚在前，左手托球于体前。

（2）抛球

左手用掌平稳而准确地将球抛在体前右肩前上方，高度约0.5米。同时，右臂抬起，曲肘后引，肘略高于肩，上体稍向后仰。五指并拢，指尖朝上，手腕稍后仰保持一定的紧张，眼睛注视球体。

（3）击球

右脚蹬地重心前移，以收腹、曲体迅速带动手臂的挥动。挥臂成直线，在右肩前上方，用手掌坚硬部位击中球的后下部。击球后，便可迅速入场。

侧身下手发

侧身下手发球的动作要领如下：

（1）准备

左肩对网，两脚开立。

（2）抛球

左手抛球于胸前一臂之远，离手高约0.3米，抛球同时，右臂摆至右侧后下方。

（3）击球

在抛球的同时，右臂摆至右侧后下方，接着右脚蹬地向左转体，带动右臂向前上方摆动，在腹前以全手掌击球的右下方。随着击球动作，迅速进入场地。

正面上手飘

这是一种使发出的球不旋转，从而使球的运行轨迹呈不规则地向前飘晃飞行的发球方法。其他同正面上手发球，但抛起球的高度离上身一臂距离左右，且高度比上手发球稍低。击球前手臂的挥动轨迹不呈弧形，而是从后向前呈直线运动形式。

击球时五指并拢，手腕稍后仰，用手掌平面击球体中下部；击球时手指紧张，手型固定，不加推压动作，击球后手臂突停前摆。

勾手发球

勾手发球所发出的球不旋转而在空中飘晃不定，具有很强的攻击性。发球队员由于采用侧面站立，可充分利用腰部扭转带动手臂加速挥动。这种发球，比较省力，对肩关节负担比较小，因而适用于远距离发飘球。勾手发球的技术要点：

（1）准备

侧面球网开立，左手持球于胸前。

（2）抛球

左手用托送方法，抛球于左前上方约一臂之高，右手向后下摆动。

（3）击球

击球时，右脚蹬地，上体向左转动发力，带动右臂加速挥动。挥动时，右手臂伸直，在右肩的左上方，用掌根或半握拳击球中下部。击球时，有突停动作。

9. 排球运动的接球技术

接球是排球技术中非常重要的一项技术，它包括接发球、接扣球等。

接球方式

接球方式有正面接球、侧面接球等。

172

（1）正面接球

正面接球的动作要领包括如下几个方面：

①准备姿势　正面对正来球方向，两脚开立宽于肩，一脚在前，两脚跟提起，前脚掌着地，两膝变曲微内收，重心稍前倾，双臂自然弯曲置于腹前；

②触球部位　当球接近腹前时，两手重叠，掌根靠拢，合掌互握，两拇指平行朝前，手臂伸直，手腕下压，用前臂旋外形成的颊靠近手腕的部分击球后下方。击球点在腹前一臂左右距离，便于控制用力大小并可根据接球的方向，调整手臂的角度；

③击球用力　两臂靠拢前伸插入球下，靠手臂上为力量增加球的力，同时配合腰的动作，使身体重心向前上方移动。击球时，两臂要形成一个平面，身体和两臂要有自然的随球伴送动作，以便控制球的落点和方向。接球时，还应根据来球的力量控制手臂的动作，接轻球时采用上述动作。

（2）侧面接球

在身体两侧用双臂接球的动作称侧面接球。当来球速度较快、距离体侧较远、来不及移动对正球时采用。体侧接球可以扩大防守范围，但不易控制接球方向，因此，在来得及移动的情况下，最好采用正面接球。

当球从右侧飞来，左脚前脚掌内侧蹬地，右脚向右跨出一步，右膝弯曲，重心随即移至右脚上，两臂夹紧向右伸出，左肩微向下倾斜，用向左转腰的动作，使两臂击球面截住球的飞行路线，接击球的后下部。

（3）跨步接球

队员向前或向体侧跨一步的接球称跨步接球。跨步接球主要运用在接发球和防守中，主要包括前跨接球和侧跨接球。

①前跨接球　当来球低而远时，看准来球落点，向在出一大步，曲膝深蹲，重心落在跨出腿上，上体前倾，臀部下降，两臂前伸插入球下，用前臂接击球的后下方；

②侧跨接球　当来球至右侧时，右脚向右侧跨出一大步，曲膝制动，重心移至跨出腿上，上体前倾，臀部下降，两臂插入球下，用前

臂接击球的后下部。

（4）单手接球

当来球低、速度快、距离远、来不及用双手接球时，可采用单手接球。这种接球动作快，手臂伸得远，可扩大控制范围，但由于手臂击球面积小，不容易控制球。

当球在右侧向右跨出一大步，上体向右倾斜，重心移至右腿上，右臂伸直，自右后方向前摆动。用前臂内侧、掌根或虎口处接击球后下部。

（5）背接球

背接就是背向接出球方向，从体前向背后的接球。当球飞出较远而又无法进行正面调整传球时，或第三次被动击球过网时采用。

①背接时　判断好球的飞行方向，先要迅速移动到球的落点处，背对出球方向，两臂夹紧伸直，插在球下；

②击球时　蹬地为头挺胸，展腹后仰，直臂向后上方摆动。在背接低球时，也可以有曲肘、翘腕动作，以虎口处将球向后上方接起。

（6）挡球

当来球较高、力量较大、不便于利用传球时，可采用挡球。挡球时，前臂放松，两肘朝前，手腕后仰以掌外侧和掌根组成的平面挡击球的下部。击球瞬间，手腕要用力适度，击球点在额前或两侧肩上。

①抱拳式挡球的手法　两肘弯曲，一手半握拳，另一手外抱，两掌外侧朝前；

②并掌式挡球的手法　两肘弯曲，两虎口交叉，两掌外侧朝前，合并成勺形。

技术运用

技术运用是指各种接球技术在接发球、接扣球等情况是的运用。

（1）接发球

接发球接球是竞赛的重要环节，是组织一攻的基础。竞赛中接发球主要采用正面双手接球，但根据各种发球的性能不同，接发球的动作方法稍有不同。

①接大力球　大力发球的特点是力量大、速度快、球旋转力强，但球运行轨道较固定，容易判断。接这种球时，要对准来球，迅速降

低身体重心，手臂插入球下保持不动，让球自己弹起。如击球点低时，也可用翘腕动作击球；

②接侧旋球　侧旋球的特点是球的飞行轨道呈弧线，落点偏向旋转方向一侧。接这种球时，要快速移动，对正来球，重心要靠向球旋转飞行的一侧，用前臂控制球的旋转方向。如接左侧旋球，要靠向右侧，以便截住球向右侧的飞行路线，控制球的反弹方向；

③接飘球　飘球的特点是飞行速度快、不旋转、飞行轨为飘忽不定，接发球时很难判断球的落点。接这种球时，首先要判断好来球落点，快速移动取位，对准来球，主动伸臂插入球下击球。击球时，要配合蹬地、提肩、送臂的全身协调力量将球击出。

（2）接扣球

接扣球是防守反攻的基础，防守反攻又是得分的主要手段。竞赛中接扣球的次数最多，根据来球不同，接扣球防守动作也有所不同。

①接轻扣吊球　已做好接重扣球的准备姿势，当对方突然改用轻扣和吊球时，往往来不及向前移动，这时可采用原地前扑接球或鱼跃接球；

②接重扣球　采用半蹲或低蹲准备姿势，两手臂放在腹前，手形和正面接球相同，只是击球时的动作有所不同。要利用含胸收腹动作，帮助手臂随球曲肘，并适当放松以缓冲来球力量，以手臂和手腕动作控制接球的方向和角度；

如击球点稍高并靠近身体时，同样可用前臂接击，如击球点较低、又距离身体较远时，可利用曲肘翘腕的动作把球接在手腕部位的虎口处；

③接拦网触手球　拦网触手的球，由于改变了原来的扣球路线、方向，落点变化不定。接这种球时，要做好向各个方向移动的准备，根据来球的高低、远近，采用不同的击球手法；

④接快球　快球因速度快、线路短，一般落点靠前。取位应适当靠前，重心要降低，手臂不要太低，要做好高球挡、低球接的准备。

（3）接拦回球

接拦回球也叫"保护"。拦回球的落点多数在扣球人附近，因此，取位应适当靠前场区，采用低蹲姿势，手臂插入球下，接球的动作要小，以翘腕或曲肘为臂动作将球接起。

10. 排球运动的传球技术

传球是排球运动中最基本、最重要的一项技术，掌握了这项技术才能控制竞赛节奏，寻求合适进攻时机。

动作组成

传球是由准备姿势、迎球、击球、手型、用力等几个动作部分组成。

（1）准备姿势

稍蹲姿势，面对来球，双手自然抬起，放松，置于脸前。

（2）迎球

当球下降至额前时，蹬地伸膝，伸臂，两手向前上方迎击来球。

（3）击球

击球点在额前上方 1 球距离处，有利于看准来球和控制传球方向。

（4）手型

两手自然张开成半球形，两拇指相对成"一"字型，用拇指内侧、食指全部、中指二三关节触球，无名指和小指在两侧辅助控制传球方向。

（5）用力

传球动作是全身协调用力。传球用力的顺序是：蹬地，伸膝，伸腰，手指手腕曲伸。最重要的是利用伸臂和手腕手指的紧张利用和球压在手指上产生的反弹力将球传出去。

传球种类

传球一般可分为正面传球、背传球、侧传球、跳传球等。

（1）正面传球

正面双手传球时，两脚左右开立，约于肩同宽，一脚稍前，后脚跟略提起，两膝微曲，重心落于两脚之间略偏前脚。上体微向前倾，两臂放松，抬头注视来球方向。两臂曲肘抬起，手在头部前方。两肘自然下垂，手腕稍向后仰，以稍大于半球形的手形去迎球。要用手指触球，击球时，依靠全脚蹬地、手腕的力量及手指弹拨将球送出。击球后，手腕由于用力后的惯性而向前随球前曲。

（2）背传

背传是将球向自己的后方传出。背传具有隐蔽性强的特点，同时对于球场外球也用得到。背传时击球点应保持在额上方。手触球时，手腕适当后仰，掌心向上，击球的下部。背传时拇指应托住球底，身体直立，利用展腹、抬臂、向后翻腕以及手指弹拨的力量将球传出。

（3）侧传

侧传时双手击球高度不同，用力不同，一般用作接来不及正面传球的球，及战术运用的传球，难度较大，初学者在掌握正面双手传球技术后可进行练习。

（4）二传

二传技术是供扣球等进攻战术使用的传球。

①特点　主要特点是来球与传球的方向不同；

②目的　二传是所有传球技术动作练习的目的；

③动作　二传的动作要领与基本的传球动作相同，但在传球前身体不要正对来球，而应尽力正对传球的方向；

④战术　在战术运用中，身体可能不正对传球方向，而采用背传等方式迷惑对方，二传应传出各种高低、速度、远近的球，供战术需要。二传是以由守转攻的开始，传球对于进攻的质量非常重要。

（5）跳传

当一传来球较高时，二传手常跳起在空中作第二传。起跳后两手放在脸前，当跳至最高点时，两手伸至额上方击球，主要靠手臂和手腕的力量将球传出。在世界高水平竞赛中常运用。

11. 排球运动的垫球技术

垫球是排球基本技术之一，是接发球、接扣球以及后排防守的主要技术动作，是组织反攻战术的基础。垫球技术的熟练程度和运用能力，是争取胜利的重要条件。垫球动作主要包括以下几个步骤。

准备姿势

竞赛中应根据不同情况采用相应的准备姿势。初学垫球时，由于是垫击一般的轻球，故可采取一般准备姿势。上体稍前倾，两脚开立，两脚间的距离稍宽于肩，两臂微曲置于腹前，两肘稍内收，两眼注视来球。

击球手型

常用的击球手型有两种。

（1）叠指法

两手手指上下重叠，掌根紧靠，合掌互握，两拇指朝前相对平行靠压在上面一手的中指第二指节上。两臂伸直夹紧，注意手掌部分不能相叠。

（2）包拳法

两手抱拳互握，两拇指平行朝前，两掌根和两前臂外旋紧靠，手腕下压，使前臂形成一个垫击平面。

击球部位

（1）部位

正面双手垫球的击球点一般应尽量保持在腰腹前的一臂距离，有两小臂腕关节以上0.1米左右桡骨内侧平面击球为宜。

（2）动作

击球部位过高，既不便于控制球，而且易造成"持球"或"连击"犯规。击球部位过低，垫在虎口上，球易不稳，对球的方向、力量控制不准。

击球动作

（1）要领

在判断来球移动取位的同时，应根据来球情况和击球的需要变化身体重心，使击球点保持在腹部高度的正前方，并将两臂迅速插入球下。

（2）动作

击球时蹬腿提腰，重心随之前移，同时含胸提肩，压腕抬臂等全身协调动作迎向来球，将球准确地垫在小臂击球部位上。在垫击瞬间，两臂应保持平稳固定，身体重心和两臂要有自然的随球伴送动作，以便控制球的落点和方向。

击球用力

（1）抬臂动作

如果来球的力量小或垫出的球距离远，垫击必须加上抬臂动作，给球以反击力。

（2）靠反弹力

如果来球的力量大或垫出的球距离近，则只需轻轻一垫，靠反弹力垫出。

（3）缓冲垫出

有时来球力量大，为了缓冲来球的力量，手臂还需顺势后撤，加上含胸收腹的协调力，使球得到缓冲而垫出。

一般说来，垫球的用力大小与来球的力量成反比，与垫出球的距离成正比。

手臂角度

手臂角度对控制垫球的方向、弧度和落点的影响很大。根据入射角等于反射角原理叙述如下：

（1）来球弧度

来球的弧度同垫击手臂的角度的关系：

①弧度高　来球弧度高，手臂的角度应该小；

②弧度平　来球弧度平，手臂的角度应该大。

（2）垫球弧度

垫出球的弧度同手臂的角度关系：

①角度应稍大　在来球弧度相同的情况下，要求垫出球的弧度低距离远，手臂的角度应稍大；

②角度应较小　垫出的弧度高，距离近，则手臂角度应较小。

（3）预定目标

手臂的反射面与垫出球的预定目标的关系：手臂的反射面必须对着出球的方向，有时击球点低，又要把球垫高，可以弯曲肘关节利用前臂的反射面把球垫高。

以上三个关系是互相联系，缺一不可的。

12. 排球运动的扣球技术

扣球是进攻的最有效方法，是得分和得到发球权的重要手段。一个队攻击力的强弱，往往取决于该队的扣球技术水平。扣球技术主要有正面扣球、勾手扣球、快球等。

正面扣球

正面扣球是扣球中的一种基本方法。正面扣球面对球网，便于观察，准确性较高，运动员可根据对方防守布局，随时改变扣球路线和力量，有利于控制击球落点，因而是最好的进攻方法。

（1）准备姿势

站在离网 3 米左右处，两脚自然开立，两膝微曲，上体稍前倾，两臂自然下垂，观察二传来球，随时准备向各个方向助跑起跳。

（2）助跑

助跑的目的是为了获得一定的水平速度，增加弹跳高度，并且选择适当的起跳点。助跑的时机、方向、步法、速度、节奏是根据来球的方向、速度和弧线来决定的。因此，要全面熟练掌握一步、两步、三步及多步助跑的步法。

（3）起跳

在助跑跨出最后一步的同时，两臂绕体侧向后引，左脚在落地过程中，两臂自后积极向前摆动，随着双腿蹬地向上起跳，两臂配合起跳用力上摆。

（4）空中击球

起跳后，挺胸展腹，上体稍向右转，右臂向后上方抬起，身体成反弓形。

①挥臂时　以迅速转体、收腹动作发力，集资带动肩、肘、腕各部位关节成鞭甩动作向前上方挥动；

②击球时　五指微张成勺形并保持紧张，用全手掌包满球，以掌心为击球中心，击球的后中部，同时主动用力曲腕曲指向前推压，使扣出的球加速上旋。击球点在起跳和手臂伸直最高点的前上方。

（5）落地

空中完成击球动作后，身体自然下落，为了避免腿部负担过重，应尽用双脚的前脚掌先着地，同时顺势曲膝，缓冲身体下落的力量。

超手扣球

利用身高和弹跳优势，将球从拦网者手的上空击入对方场区。这种扣球线路较长，落点较远。队员起跳后利用收胸动作带动手臂挥动，以金手掌甩腕击球的后中部或后中下部，手腕有包击动作，球呈前旋飞行。

轻扣

佯作大力扣杀，而在击球的瞬间突然减低手臂挥动速度，把球轻轻击入对方空挡。助跑起跳、挥臂动作部与大力扣杀一样，但击球前瞬间挥臂速度突然减低，手腕保持一定的紧张，以金手掌向前上方做"推搓"动作，使手越过对方拦网后呈弧线落入对方空挡。

快球

快球是扣球队员在二传队员传球前或传球的同时起跳，并迅速把二传队员传来的球击入对方场区的扣球方法。有近体快球、短平快球、平拉开球、半快球、背快球。

（1）近体快球扣球

队员在靠近网前，离二传队员约一臂之距处起跳扣的快球，称为近体快球。扣近体快球时，助跑的距离应较短，助跑的角度一般应保持45度左右为宜。扣球队员应随一传球同时助跑到网前，在二传队员传球前或传球同时，在二传队员体前处迅速有力起跳。当球上升到高出球网上沿一个半球高度时，迅速挥动手臂带动前臂和手腕加速猛甩，以手掌击球的后上部或后中上部。

（2）半快球扣球

①概念　队员在靠近网前和二传队员附近起跳，扣高出球网上沿两个半球高度的球，称为半快球；

②动作　扣这种球的助跑角度、起跳动作、击球方法均与近体快球相同，只是起跳的时间较晚一些，一般在二传队员传球出手后，迅速有力起跳扣球。

（3）平拉开扣球

①概念　扣球队员在四号位标志杆附近，扣二传队员传来的长距

离的平快球；

②动作　这种的扣球，二传球弧线低而平，飞行速度快，因而进攻的突然性大，进攻区域宽，容易摆脱对方的集体拦网。平拉开扣球的助跑路线应采用外绕助跑，在二传球出手后，在标志杆附近起跳，在空中截击球。击球动作与短平快扣球基本相同。根据击球部位的不同，可扣出小斜线球或直线球。

（4）短平快球扣

①概念　球队员在二传队员体前2米左右处，扣其顺网快速传过来的低平弧线球，称为短平快球；

②动作　这种扣球的特点是速度快、进攻点灵活，使对方难以拦网和防守，因而突然性大，攻击性强。

（5）调整快球

在一传不到位、离网较远时，二传把球调整到网口进行快球进攻，叫调整快球。调整快球要根据二传的位置和传球的方向、出手的时间，选择好助跑的角度、路线和起跳时间。

①调整扣球　扣由后场调整到网前的球叫调整扣球。调整扣球的动作与正面扣球动作相同，只是要求扣球队员应根据来球的方向、角度、弧线和落点，调好人、球、网的关系。助跑时，应边助跑边看球，力争在与来球飞行路线形成交叉点处起跳扣球；

②转腕扣球　在扣球时利用转动作，改变原来的手臂挥动方向，使球突然改变路线，这种扣球叫"转腕扣球"。向右转腕扣球，击球时右肩向上提并稍向右转，上体和头部向左偏斜，前臂向外转，肘关节伸直，手腕向右甩动，以全手掌击球的左上方。击球时，前臂向内转，手腕向左甩动，以全手掌击球的右上方；

③转体扣球　在击球前，突然改变上体原来的方向和扣球路线，这种扣球叫转体扣球。一般在3号位运用的较多。转体扣球的动作与正面扣球动作基本相同，只是起跳时将球保持在左侧前上方；

④打手出界　扣球队员有意识地使球触及拦网队员的手后飞向场外的一种扣球方法。一般在二传球离网较近或球的落点在标志杆附近时，运用打手出界较多。扣球队员进攻位置不同，采用的击球也不同；

⑤设施吊球　吊球是的球的一种变化，竞赛中与大力扣球结合使

用，可收到较好的效果。动作方法是起跳后，假做扣球，然后突然改变挥臂扣球动作，用单手将球从对方拦网队员手的上面或侧面吊入对方场区空挡。

13. 排球运动的基本战术

排球战术可分为个人战术和集体战术两大类。个人战术即个人根据场上情况有目的地运用技术的过程，分为发球、一传、二传、扣球、拦网、后排防守等几项个人战术。

发球

发球战术要求，在观察和分析对方的具体情况后，有针对性的采用不同的发球战术，先发制人。

（1）不同性能的发球

针对不同性能的球，战术是不同的。

①攻击性　在保证准确发球的基础上，尽可能的发出速度快、力量打、旋转强、弧度平的攻击性发球。如：跳发球等；

②发飘球　利用发球位置的不同意识、有目的地发出情、重、平冲、下沉等各种性能的不同飘球；

③相似性　相似动作发出不同性能的球　利用发球动作的相似性，以相似的动作发出不同性能的球。如：以近似勾飘的动作，击球时突用蹬地、转腰、收腹的力量，以全掌击球，发出勾手大力球。

（2）控制落点的发球

控制落点的发球的发球包括找薄弱区域、找人两种情况。

①找薄弱区域　找薄弱区域的发球的发球战术包括如下几个方面：

攻击目标　对方采用 W 形接发球站位时　发球攻击的目标区 3 个三角地带。这种站位队员之间的界点相应增多，在队员配合不够默契时，在 3 个三角地带相互间会互相干扰，互强或互让，是发球的攻击目标；

成功区域　对方采用 W 形站位时，发球攻击队员所站位置和背后的区域，也是攻击易成功的区域；

较好区域　对方采用 W 形站位时由于 M 形站位分散，相对造成场地中、后区的接球力量薄弱选择对方中后场区队员之间的结合地带发球，且罚球攻击较好区域；

中场前区　对方采用"一"字形站位时"一"字形站位是对付勾手大力发球和平冲飘球的有效阵行，对付站位"一"字形排开，中后区防守严密发球攻击目标只能选择快速下沉的过网点底，短线的发球，攻击中场前区；

位区死角　对方采用4人接发球站位时。对付一般用插上进攻战术，为缩短插上实践，插上队员与同列前排队员不接发球而站在网前。余下4人站在半弧形接发球。对于这样的站位队行，发球可选择攻击场区中部或以攻击5号死角或此大斜线攻击一号位区死角；

②找人的发球　找人发球的战术包括如下几个方面：

被迫换人　把对方接发球技术差的队员作为发球攻击目标，使其连连失误。造成场上队员的情绪波动，使其被迫换人；

发球攻击　把对方换上场的队员作为发球攻击目标，刚上场的队员无论从生理上、心理上还未完全进入竞赛状态容易造成失误，因此心理压力很大，选择作为发球攻击是较合适的；

战术组成　把球发到插上队员站位地方，造成对方二传插上困难及传球困难达到破坏对方战术组成；

站位密集　把球发到对方接发球队员站位密集的位置，使接球站位密集处的队员抢接球或让球而造成失误；

技术发挥　把球发到因技术发挥不好而情绪明显低落的队员，这样队员往往思想的注意力不集中，随时准备着被教练换下场，因而失误也比较多。

（3）变化节奏的发球

变化节奏的发球战术包括如下几个方面：

①快节奏的发球　竞赛中，打破常规，突然加快发球的节奏，使对方猝不及防，造成失误；

②慢节奏的发球　竞赛中，有意识地放慢发球节奏，如：发吊高球利用球体下落时速度的变化，使对方接发球不适应。

（4）变化路线的发球

变化路线的发球战术包括长短结合、直、斜线结合等。

①长短结合　采用长线球和短线球想结合的发球方式进行发球攻击，根据对方场上具体情况变化，时而发长线球落在对方后场区，时而发短线球攻击对方前场区，使对方发球站位布置无所适从打乱对方战术布置和战术节奏；

②直斜结合　充分利用9米宽的发球区，采用"站直发斜"或"站斜发直"的发球方法，突袭对方。

一传

一传通常指竞赛中在本方场区接对方来球的第一次击球，或本方拦网触手后的击球。可运用各种传球或垫球技术，其中以双手垫球运用最多。是一攻中的接发球和反攻中防守的重要环节，也是组成进攻战术的基础。如失误或不到位，可造成直接失分或无法实现预定的进攻战术。一传质量的好坏，是决定竞赛胜负的关键性因素之一。

（1）快攻战术

一传的弧度要传平，速度稍快，以提高快攻节奏，出奇制胜。

（2）不同战术

一传的落点不同，例如组织前交战术，一传的落点要近球网中间；组织后交战术，一传的落点要偏向2号位，组织2次球战术。一传的弧度要高，落点离网稍近，便于扣2次球或转移。

（3）突袭对方

对方第三次传、垫过网时，一传可用上手传球，以便准确、迅速地组织反击或直接传给扣手扣2次球或吊球突袭对方。

（4）击向空挡

竞赛中，发现对方场区有较大空挡或对方队员无准备时，一传可用垫、挡等动作将球快速击向空挡。

二传

二传也称"托手"，指接对方来球后专门担任第二次传球组织进攻的队员，它是场上组织进攻、实施战术的组织者。

（1）合理分球

根据本方队员的特点和布局情况，进行合理的分球。如采用集中与拉开，近网、中网或远网，弧度高与低球等传球战术。

（2）协调配合

根据对方拦网的部署，与进攻队员在时间上和位置上进行协调配合，合理选择拦网的突破口，造成以多打少的局面。

（3）打乱对方

根据本方队员的不同起跳时间，采用升点、降点传球给以配合，用声东击西的隐蔽动作和假动作，打乱对方拦网布局。

（4）各种战术

根据本方队员一传的情况，如到位球或不到位球，高球或低球，近网球或远网球等，合理运用传球技术组织各种战术。

（5）对方空挡

根据对方防守队员的站位，在有利于自己的情况下，突然将球传入对方空挡。

扣球

扣球个人战术是扣球队员在竞赛中，根据对方拦网和防守的情况，选择合理有效的扣球方法和路线，突破对方防守的有意识的行动。

（1）扣球线路变化

扣球线路变化包括如下几种：

①结合　扣球时采用直线与斜线相结合，长线与短线相结合；

②方向　利用助跑路线与扣球路线不同的方向，迷惑对方拦网和防守队员。如直线助跑扣斜线球，斜线助跑扣直线球；

③区域　朝防守技术差和意志薄弱的队员扣球，或扣空挡和防守薄弱的区域。

（2）扣球动作变化

扣球动作变化包括如下几种：

①避开　运用转体、转腕扣球技术，突然改变扣球方向，避开对方拦网；

②突破　用超手高点扣球，从拦网人手上方进行突破；

③判断　利用正面扣球变为勾手扣球动作，造成对方拦网判断失误；

④有利　利用突然性的 2 次攻，造成空网或一对一进攻的有利局面；

⑤出界　高点平打，造成球触拦网手后飞向后场远区，或有意向

两侧打手出界；

⑥拦网　突然用单脚起跳扣球，使对方来不及拦网；

⑦难度　运用轻扣或吊球技术使球随拦网队员一同下落，增加拦网队员自我保护球的难度，或使球落在对方网前，或使球落在拦网队员的身后；

⑧晃开　利用时间差、位置差、空间差，晃开对方拦网。

（3）扣球战术运用

扣球战术运用包括避开对方拦网的扣球、利用对方拦网队员手的扣球等情况。

①避开对方拦网的扣球　避开对方拦网的扣球战术包括如下几个方面：

避开　运用扣球路线的变化避开拦网，如灵活运用扣直线、斜线和小斜线等；

路线　运用转体转腕扣球，改变扣球路线；

拦网　运用超手扣球的击球点，以避开拦网；

②利用对方拦网的扣球　利用对方拦网队员手的扣球战术包括如下几个方面：

破坏　运用打手出界破坏对方拦网；

下落　运用轻扣球，使球触及拦网队员手后，随拦网队员一同下落；

触及　运用平打，造成球触及拦网队员手后飞向后场或场外；

③根据情况用扣球战术　根据临场情况采取的扣球战术包括如下几个方面：

拦网　先假做传球动作，然后突然原地起跳扣球，使对方来不及组织拦网；

空挡　将球扣向对方防守技术较差的队员，或扣向对方场区空挡，或防守薄弱的区域；

攻弱　根据对方拦网队员的技术和身高情况，避强攻弱。

拦网

拦网的个人战术是通过拦网的时间、空间和技术动作的变化来实现的。正确地掌握起跳时间，可使对方来不及改变扣球的路线，尽量接近球，充分地扩大拦击面，可封锁对方的扣球路线，利用拦网技术动作的变化，可迷惑对方扣球队员，造成扣球队员判断错误，使本方拦网成功。

（1）迷惑对方

利用取位和空中变化的假动作迷惑对方，如站直线拦斜线或站斜线拦直线。在空中拦直线时，突然移动手臂拦斜线等。

（2）收回手臂

当发现对方要打手出界或平扣时，可及时收回手臂，使对方扣球失误。

（3）后撤防守

当对方扣球威胁较小或判断对方可能采用吊球时，可先做拦网假动作，随即后撤防守。

（4）空中动作

在发现对方要打手出界时，可在空中及时将手撤回，造成对方扣球出界。

防守

防守个人战术主要体现在防守队员能准确地判断来球，选择有利的位置，运用合理的击球动作，按战术要求将球防起。

（1）判断进攻点

要根据对方二传的方向和落点，判断对方进攻点，及时移动取位，做好防守准备。当球离网近，本方队员来不及拦网时，可向前取位防守；当球离网远或虽离网近，但本方已有队员半网时，可稍向后取位防守。

（2）防守行动

要根据对方扣球队员的特点，采取相应的防守行动。

①靠后　对方只扣不吊时，取位要靠后；

②灵活　对方采用打吊结合时，取位要灵活；

③斜线　对方扣球主要是斜线，就应重点防斜线。

（3）配合弥补

要根据本方前排拦网的情况，主动配合和弥补。如前排拦网封住直线，则重点防斜线等。

（4）分析心理

要根据竞赛时的比分情况，注意分析对方扣球队员的心理活动，采取有效的防守措施。如当对方扣球队员连续扣球被拦时，可能采用吊球，防守应注意向前移动。

（5）防守位置

防守应根据本方前排拦网队员的情况，主动选择防守位置加以配合和弥补。重点防守前排拦网的空挡。

集体

排球是一项集体运动，通过合适的战术能使集体的力量得到更大的发挥，因此集体战术非常重要。全面、准确、熟练和实用的技术是组织战术的基础，而合理的运用战术又能更加充分的发挥技术的威力。

（1）阵容配备

阵容配备指竞赛时场上人员的搭配布置。阵容配备的目的是合理地把全队的力量搭配好，更有效地发挥每一个队员的特长和作用。根据各队不同的技术水平和战术特点，一般有以下3种阵容配备。

① "42" 配备　即场上2个二传手、4个攻手，其中2个主攻手、2个副攻手，安排在对称的位置上。每一轮次前排都有1个二传队员和2个进攻队员，便于组织前排二传传球的两点进攻和后排二传插上传球的三点进攻。但每1个进攻队员必须熟悉2个二传队员的传球特点，配合比较困难；

② "33" 配备　即3名能攻的队员与3名能传的队员间隔站位，使每一轮次都有传有扣，是初学着常用的阵容配备；

③ "51" 配备　即场上1个二传队员，5个进攻队员。为了弥补有时主要二传队员来不及传球所出现的被动局面，通常在二传队员的对角位置上，配备1名有进攻能力的接应二传队员。二传队员在前排时采用两点进攻，二传队员在后排时采用进攻和拦网的力量。"51"配备中，全队进攻队员只需适应1名二传队员传球的习惯、特点，容易建立配合间的默契。

（2）防守战术

排球的集体防守战术是组织进攻或反攻或反攻战术的基础，没有严密的防守，进攻就无从组织。它包括接发球的防守战术、接拦回球的防守战术等。

①接发球　当对方发球时，本方处于防守地位，也是组织第一次进攻的开始。事先站好位置，摆好阵形是接好发球的基础。通常多采用 5 人接发球和 4 人接发球；

5 人接发球站位阵形　除 1 名二传站在网前或从后排插上准备二传不接发球外，其余 5 名队员都担负一传任务的接发球站位阵形。其优点是队员均衡分布，每人接发球的范围相对减小。接发球时，已站成了基本的进攻阵形，组织进攻比较方便，适合接发球水平不太高的球队；

4 人接发球站位阵形　插上二传队员与同列的前排队员均站在网前不接发球，其他 4 人站成弧形接发球的站位阵形。其特点是便于后排插上和不接发球的前排队员及时换位。其缺点是对接发球的 4 人要求有较高的判断、移动能力和掌握较好的接发球技术；

②接拦回球　本方扣球时必须加强保护，积极防起被拦回来的球，并及时组织继续进攻。由于拦网人可以将手伸过网拦网，拦回的球通常速度快、角度小，因而接拦回球的保护阵形应形成多道防线的弧形状，且第一道防线紧跟在扣球人身后。以我方 4 号位队员进攻，其他 5 人保护为例。5 号位队员向前移动和向左后方移动的 3 号位队员形成第一道防线，1 号位队员保护后场，为第三道防线；

③接扣球　接扣球的防守与组织反攻是密不可分的，只有防守成功才能有具有成效的反攻。接扣球的防守战术一般可分为双人拦网、不拦网和三人拦网的防守阵形；

单人拦网防守阵形　当对方扣球威胁不大、扣球路线变化不多、轻打中吊球较多时，可以主动采用单人拦网的防守阵形。拦网队员拦扣球人的主要进攻路线，不拦网队员及时后撤防守前区或保护拦网人，后排队员后撤加强后场防守；

不拦网的防守阵形　在对方进攻较弱，没有必要进行拦网时，可以采用不拦网的防守阵形。这种阵形与 5 人接发球站位阵形相似，前排进攻队员要撤到进攻线后，准备防守和防守后的反攻；后排队员后退，准备防后场球；二传队员留在网前，准备接吊到网前的球和组织进攻；

双人拦网防守阵形　对方水平较高、进攻力量较强、进攻路线变化较多时，多采用这种防守阵形，即2人拦网、4人接球。通常分为"边跟进"和"心跟进"两种；

3人拦网防守阵形　对方主要扣球手进攻实力很强，不善吊球的情况下可采用3人拦网，3人后排接球的防守阵形。这种阵形加强了网上力量，但后防的空隙也相对增大。3人拦风时，后排防守的6号位队员可以跟进到进攻线附近保护，也可以退至端线附近防守；

④接传、垫球　对方无法组织进攻，被迫用传、垫球将球击入本方时，我方的防守便称之为接传、垫球的防守。这种情况在初学者中出现较多。由于来球的攻击性小，我方的防守阵形与不拦网情况下的防守阵形相同，即前排除二传队员外，其他的队员都迅速后撤到各自的位置，准备接球后组织进攻。

（3）集体进攻

进攻战术是指在接对方发过来、扣过来、拦过来和传、垫过来的球后，全队所采取的有目的、有组织的配合进攻行动。进攻战术又可分为进攻阵形和进攻打法两方面。

①战术阵形　进攻战术阵形即进攻时的采取的队形。进攻时所采用的阵形是基本一致的，不外"中12"、"边12"、"插上"3种阵形；

"边12"进攻战术阵形　2号位队员作二传，将球传给3号、4号位队员进攻的组织形式。其优点是右手扣球者在此3号、4号位扣球比较顺手，战术变化较多。缺点是号拉接一传时，向2号位垫球距离较远，一传垫到来号位时，二传传球较为困难；

"中12"进攻战术阵形　3号位员作二传，将球传给4号、2号位队员进攻的组织形式。其优点是一传向网中3号位垫球比较容易，因而有利于组成进攻，适合初学者采用；二传队员在网前接应一传的移动距离近，向2号、4号位传球的距离较短，容易传准。缺点是战术变化少，对方容易识破进攻意图；

"插上"进攻战术阵形　二传队员由后排插上前排作二传，把球传给前排4号、3号、2号位队员进攻的组织形式。其优点是能保持前排三点进攻，战术配合变化多，并能利用网的全长组织进攻。缺点是对插上二传队员的要求较高；

②战术打法　进攻战术打法是指二传队员与扣球队员之间所组织的各种进攻配合。包括强攻、快攻和2次球进攻三种基本打法。每种打法中又有若干不同战术配合。而所有这些打法又都可以在"中12"、"边12"和"插上"3种进攻战术阵形中具体运用；

快攻　快攻指扣二传传出的各种平快球，以及用这些平快球作掩护所组成的各种战术配合。可以分为平快球进攻、自我掩护进攻、快球掩护进攻三类。平快球进攻常用的有前快、短平快、平拉开、背溜、调整快、远网快、后排快、单脚起跳快等。自我掩护进攻包括时间差、位置差、空间差的进攻。快球掩护进攻包括各种交叉进攻、夹塞进攻、梯次进攻、前排快攻掩后排进攻的本位进攻等；

强攻　强攻指在没有同伴掩护的情况下，在对方有准备的拦防情况下，强行突破的进攻。强攻的二传球较高，根据不同的二传球位置，可以分为集中进攻、拉开进攻、围绕进攻、调整进攻等，后排队员的高球进攻也属于强攻的打法；

2次球进攻　2次球进攻指一传来球较高，又在网前适合扣球的位置上，前排队员跳起来直接进行扣球，如遇拦网，就在空中改作二传，把球转移给其他前排队员进攻。

（4）攻防转换

排球竞赛中，攻与防是密切联系、相互转换、连续进行的。在进攻的时候准备防守，在防守的时候想到进攻，才能有备无患，立于主动。

①由防守转入进攻　当对方扣球过网后，防守一方在防守的一刹那就转入了进攻。这是由于后排队员在防守来球时，必须根据本队所采用的进攻战术，有目的地将球起到预定目标，并根据保护扣球的部署，立即跟进保护前排队员进攻。前排参加拦网的队员，在完成拦网动作之后，必须立即转身或后撤，准备接应或反攻扣球。前排未参加拦网的队员，在后撤防守之后，转入接应或反攻扣球；

②由进攻转入防守　当球扣入对方区后，进攻的一方应立即转入防守状态。当球扣过网或二传不慎传球过网后，前排队员应迅速靠网前站位，准备拦网；后排队员由上前保护扣球，迅速退守原位，准备防守。其阵形一般以"312"站法和"321"站法两种。前者适合于

"心跟进"防守阵形，后者适合于"边跟进"防守阵形。

14．排球运动的主要规则

排球是一项非常成熟的竞赛项目，关于竞赛中球队的人数职责、竞赛的程序等多个方面都有明确的规定。

状态

竞赛的状态包括开始、中止等。

（1）开始

经第一裁判员允许，发球队员击球时竞赛开始。

（2）中止

裁判员鸣哨即为竞赛的中止。如果裁判员是因出现犯规而鸣哨，则竞赛的中止是由犯规一刻开始的。

发球

后排右侧队员在发球区将球击出而进入竞赛的行动是发球。

（1）首先发球

首先发球遵守以下规则：

①抽签　第一局和第五局由抽签选定发球权的队首先发球；

②发球　其他各局由前1局未首先发球的队首先发球。

（2）发球次序

发球次序的规则如下：

①位置　队员发球的次序按位置表上的顺序进行；

②规定　第一局的首先发球后，队员按下列规定进行发球：当发球队胜1球时，原发球队员或其替补队员继续发球。当接发球队胜1球时获得发球权并轮转，由前排右侧队员转至后排右侧，到发球区发球。

（3）允许发球

第一裁判员检查发球队员已握球在手，而且双方队员已做好竞赛准备时，鸣哨允许发球。

（4）执行发球

执行罚球时需要遵守如下规则：

①击出　球被抛起或持球手撤离后，必须在球落地前，用一只手或手臂的任何部分将球击出；

②允许　球只能被抛起或撤离一次，但拍球或在手中摆弄球是允许的；

③地面　发球队员在击球时或击球起跳时，不得踏及场区，包括端线和发球区以外地面。击球后可以踏及或落在场区内或发球区以外；

④时间　发球队员必须在第一裁判员鸣哨允许发球后8秒钟内将球发出；

⑤无效　裁判员鸣哨允许发球前的发球无效。

（5）发球犯规

下列犯规应判为发球犯规，即使对方位置错误。

①发球次序错误　没有遵守"发球的执行"的规定；

②发球击球犯规　球被发出后出现以下情况仍作为发球犯规，除非位置错误：球触及发球队队员或整体没有从过网区通过球网垂直面，界外球，球越过发球掩护。

界外球

球触及竞赛场区的地面包括界线为界内球，否则为界外球。

（1）界线以外

球接触地面的部分完全在界线以外。

（2）触及物体

球触及场外物体、天花板或非场上竞赛队员，球触及标志杆、网绳、网柱或球网标志带以外部分。

（3）整体穿过

球的整体或部分从过网区以外过网，球的整体从网下空间穿过。

击球

竞赛队必须在其本方场地及空间进行竞赛，但可以越出无障碍区救球。

（1）击球

竞赛队员与球的任何触及都视为击球。每队最多击球3次将球击回对区，如果超过则判为"4次击球犯规"。

①连续　1名队员不得连续击球2次；

②触球 2名或3名队员可以同时触球。同队的2名或3名队员同时触到球时，被记为2次或3次击球，拦网除外。如果只有其中1名队员触球，则只记一次。队员之间的碰撞不算犯规。2名不同队的队员在网上同时触球，竞赛继续进行，获球一方可再次击3次。如果该球落在某方场区之外，则判对方击球出界；

③借助 借助击球，队员不得在竞赛场地之内借助同伴或任何物体支持进行击球。但是队员可以挡住或拉住另1名即将犯规，如触网、过中线等的同队队员。

（2）犯规

击球时的犯规包括如下几种：

①击球 一个队连续击球4次；

②借助 队员在竞赛场地内借助同伴或任何物体的支持进行击球；

③持球 球被接住和或抛出，而不是被弹击出；

④连击 1名队员连续击球2次，或球连续触及其身体的不同部位；

⑤网下穿越 在进行网下穿越时有如下一些规则：

进入 在不妨碍对方竞赛的情况下，允许队员在网下穿越进入对方空间；

接触 穿越中线进入对方场区，队员的一只（两只）脚或一只（两只）手部分越过中线触及对方场区的同时，其余部分接触中线或置于中线上空是允许的。队员身体的任何其他部位都不允许接触对方场区；

场区 竞赛中断后队员可以进入对方场区；

在不妨碍对方竞赛的情况下，队员可以穿越进入对方的无障碍区。

触网

关于触网的规定如下：

（1）击球动作

队员触网不是犯规，但击球时或干扰竞赛的情况下除外，某些击球可包括实际上没有触及球的击球动作。

（2）触及物体

队员击球后可以触及网柱、全网长以外的网绳或其他任何物体，但不得影响竞赛。

（3）触及队员

由于球被击入球网而造成的球网触及队员，不算犯规。

（4）队员犯规

队员在球网附近的犯规；

①对方空间　对方进行进攻性击球前或击球时，在对方空间触及球或对方队员；

②网下穿越　从网下穿越进入对方空间并妨碍对方竞赛；

③越过中线　越过中线进入对方场区；

④干扰竞赛　队员击球时或干扰竞赛情况下触及球网或标志杆；

新规则规定触网为犯规，但队员在无试图击球的情况下偶尔触网不算犯规。所谓无试图击球，意指已经完成了击球动作和击球试图。如完成扣球动作或掩护扣球动作之后，偶尔触网则不算犯规。

拦网

拦网是指队员靠近球网，将手伸向高于球网处阻挡对方来球的行动。

触及到球的拦网行动则完成了拦网。只有前排队员允许完成拦网，后排队员不得完成拦网。如后排队员将球拦回，则为犯规。如拦球到本方场区，则为本队的第一次击球。前排队员的拦网触球不算作本队的一次击球，因此本队拦网后还可以再击球3次。

拦网时，队员可以将手或手臂伸过球网，但不得影响对方击球，过网拦网触球应在对方队员完成进攻性击球之后。在一个拦网动作中，允许球迅速而连续地触及一名或更多的拦网队员。

延误

关于延误竞赛的情形有多种。

（1）延误竞赛的类型

一个队拖延竞赛继续进行的不当行为为延误竞赛，包括：

①时间　延误换人时间；

②暂停　在裁判员鸣哨恢复竞赛后，拖延暂停时间；

③换人　请求不合法的换人；

④请求　再次提出不符合规定的请求；

⑤竞赛　球队成员拖延竞赛的继续进行。

（2）延误竞赛的判罚

对延误竞赛的判罚如下：

①判罚　"延误警告"和"延误判罚"是对全队的延误竞赛的判罚；

②记录　延误竞赛的判罚对全场竞赛有效，所有延误竞赛的判罚都记录在记分表上。在一场竞赛中，对一个队的成员的第一次延误竞赛，给予"延误警告"；

③类型　在一场竞赛中，同一队的任何成员造成不论任何类型的第二次以及其后的延误竞赛，都给予"延误判罚"；

④竞赛　局前和局间的延误竞赛判罚记在下一局中。

局间休息与交换场区

局间休息与交换场区的规则如下：

（1）局间休息

所有局间休息均为3分钟。局间休息用于交换场区和在记分表上登记球队的阵容。应竞赛组织者的要求，第二局、三局之间的休息时间可延长至10分钟。

（2）交换场区

关于交换场区的规则如下：

①交换　每局结束后竞赛队交换场区，决胜局除外；

②决胜局中某队获得分数超一半时两队交换场区。如果未能及时交换场区，则应在此错误发现时立即交换，保留交换场区时两队已得的比分。

得分和胜负

程序性规则包括胜1分、胜1局与胜1场等。

（1）胜1分

关于胜1分的规则如下：

①场区　球成功地落在对方场区；

②犯规　对方犯规；

③判罚　对方受到判罚。

（2）胜1球

1 球，只是指从发球击球起至该球成死球止的过程。

①发球队获胜 得 1 分并继续发球；

②接球队获胜 得 1 分并获得发球权。

（3）胜 1 局

每局（决胜的第五局除外）先得 25 分同时超过对方 2 分的队胜 1 局。当比分 24 : 24 时竞赛继续进行至某队领先 2 分为止。

（4）胜 1 场

胜一场的规则如下：

①胜 3 局的队胜 1 场；

②如果 2 : 2 平局时，决胜局（第五局）打至 25 分并领先对方 2 分者获胜。

（5）弃权与阵容不完整

关于弃权与阵容不完整的规则如下：

①某队被召唤后拒绝竞赛，则宣布该队为弃权。对方以每局 25 : 0 的比分和 3 : 0 的比局获胜；

②某队无正当理由而未准时到达竞赛场地，则宣布该队为弃权；

③某队被宣布 1 局或 1 场竞赛阵容不完整时，则输掉该局或该场竞赛，判给对方胜局或该场竞赛所必要的分数和局数。阵容不完整的队保留其所得分数和局数。